성공한 기업이 알려주지 않는

경영 시크릿

성공한 기업이 알려주지 않는
경영 시크릿

초판 1쇄   2021년 10월 15일

지은이   박준영, 신성호
발행인   김재홍
총괄/기획   전재진
디자인   박효은, 현유주
마케팅   이연실

발행처   도서출판지식공감
브랜드   문학공감
등록번호   제2019-000164호
주소   서울특별시 영등포구 경인로82길 3-4 센터플러스 1117호{문래동1가}
전화   02-3141-2700
팩스   02-322-3089
홈페이지   www.bookdaum.com
이메일   bookon@daum.net

가격   15,000원
ISBN   979-11-5622-607-9   93320

| 성공한 기업이 알려주지 않는 |

경영 시크릿

| 박준영·신성호 지음 |

불황에도 성장할 수 있는 기업의 7단계 경영 방식

전세계 기업의 성공 노하우는 바로 국제 표준에 달려있다.
ISO 9001(품질경영시스템)으로 성공의 경영코드를 잡아라!
직감으로 경영하지 말고 시스템으로 경영하라!

경제경영
베스트셀러
스타트업 창업의
성공 바이블

국내 최초
지속성장을 위한
품질경영 실행
가이드북

최고경영자가
반드시 읽어야 할
경영 필독서

기업의
부와 성공을 이끄는
경영 불변의 법칙

불황에도 성장할 수 있는 경영의 법칙을 잡아라

우리는 기본에 충실하고 계획을 탄탄하게 세우며 준비하는 기업인가?

필자는 지난 수년간 국제표준화기구의 ISO 경영 시스템 표준에 대하여 많은 기업과 기관에서 컨설팅, 교육, 심사를 진행해 왔다. 그러면서 경영의 위기를 자초하는 기업의 공통점을 발견하게 되었다.

첫째, 기업과 조직은 어떤 일을 하기 전에 계획에 투입되는 인적 자원과 시간을 낭비라고 생각한다.

둘째, 조직의 중요성을 인식하고 있으나 언제 시작할 것인가, 누가 이 업무의 책임을 맡을 것인가, 그리고 어떤 업무를 우선순위로 할 것인가에 대해 사전 지식이나 경험이 없이 주먹구구식으로 일하고 있다.

같은 조직 규모와 목적을 갖춘 기업이라 해도 구성원의 역량에 따라 효과가 다를 수밖에 없다. 기업은 여러 조직의 집합체로 복잡하고 다양한 구조로 얽혀 있다. 그래서 체계적으로 일하는 업무절차가 수립되어 있지 않으면 원하는 성과를 기대하기 어렵다.

한 기업에서 20~30년 동안 조직의 구성원으로 근무하던 사람들이 퇴직 후 창업을 준비할 때 만류하는 사람이 많은 이유는 성공 확률이 낮기 때문이라는 것을 우리는 이미 잘 알고 있다. 그렇다면 창업에 도전하는 경영자나 현재 기업을 운영하는 경영자, 그리고 팀장급 리더는 이를 알고 있음에도 왜 준비를 철저하게 하지 못했을까? 아니 철저히 준비하였다고 해도 왜 경영에 실패하는 것일까? 심지어 반복되는 실수를 피하지 못하는 이유는 무엇일까?

사업은 일단 일을 시작하면 매월 지출이 발생하기 시작하여 매출에 집중할 수밖에 없는 현실에 놓이게 된다.

"우리 기업은 소규모 조직이기 때문에 어려워요."
"일할 시간이 부족해요."
"일할 사람이 없어요."

중소기업 경영자의 말이다. 대기업의 경우는 우리와 다르게 넉넉한 여유 자본과 충분한 인력을 가지고 있어서 업무 분장이 잘 되어 있다고 한다. 반대로 중소기업 경영자들은 항상 시간이 부족하고 일당백으로 일하는데도 업무 효율이 늘지 않는다고 말한다.

과연 그럴까? 소규모 조직의 업무량과 대규모 전문화된 조직의 업무량을 절대적으로 비교해 보면 어느 쪽이 더 시간과 인원이 부족할까?

대규모 조직은 전담 인원이 있지만 오히려 여러 이해관계자의 구조가 그만큼 복잡하게 얽혀 있어 하나의 업무 처리에도 절차가 까다롭고 복잡하다. 그래서 소규모 조직의 업무보다 시간적 여유가 상대적으로 없는 경우가 많다. 시간이 부족함에도 불구하고 대기업은 왜 준비하는 데 많은 비용과 에너지를 투자하는가? 그들은 복잡하게 얽힌 이해관계 구조와 절차들이 계획적으로 준비되지 않으면 소통부터 문제가 되어 업무를 시작조차할 수가 없다. 그러기에 그들의 계획은 체계적일 수밖에 없다.

중소기업이 규모나 상황은 고려하지 않고 그저 누군가가 하는 방식을 따라 해서는 절대로 성공할 수 없다. 예를 들어, 중소기업에서 업무 수준을 높이기 위해 대기업 수준의 업무 절차를 따라한다면 가장 빨리 실패하는 좋은 예가 될 것이다. 심지어 경영자가 사업의 본질을 인식하지 못하고 대기업의 인재를 영입하므로써 단번에 기업의 경영 체계를 갖추려는 의도는 과욕이다. 다른 기업의 성공 경험을 배울 수는 있어도 그 기업의 성공까지 복제할 수는 없다.

그렇다면 중소 규모 조직은 이해관계 구조와 절차가 오히려 대기업보다 단순하므로 해당 조직에 맞는 경영 시스템을 갖춘다면 어떠할까? 조직이 이용하기 쉬우면서도 그 조직 규모에 맞게 경영 시스템을 구축하면 업무에 최소의 시간과 노력을 투입하여도 생산성을 높일 수 있다.

구성원의 역량이 저마다 다른 것이 현재 우리 기업의 실태이다. 특히 중소기업은 획일적으로 정해진 틀에 맞춰 일하는 것에 익숙하여 항상 시간과 여력이 부족하다고 느끼고 있다. 오랫동안 관행으로 유지되어 온 시스템을 바꾸는 일이 쉽지는 않지만 힘들다고 포기할 수는 없는 일이다.

모든 일의 성패는 경영 시스템을 운영하는 조직에 달려 있다. 경영자는 조직의 규모, 조직 활동의 특성, 비즈니스의 복잡성에 따라 합리적이고 비례적 수준으로 경영 시스템을 구축해야 하며 그 수준에 맞는 역할을 할 수 있는 구성원이 준비되어 있어야 한다. 일의 속도를 높여 생산성을 올리고 싶은 경영자라면, 또는 지금까지와는 다른 업무 방식을 원하는 경영자라면 일이 되는 시스템을 만들고 그 시스템대로 일해야 한다.

우리는 날마다 문제를 해결하지만 언제나 새로운 문제는 끊임없이 생겨난다. 이것이 바로 경영이다. 경영자는 지속적으로 자신을 다듬어가며 문제 해결 능력을 키워가는 것이 무엇보다 중요하다. 리더 혼자 눈코 뜰 새 없이 바쁘게 일하지 말고 시스템으로 일해야 한다. 기업을 바람직한 방향으로 움직이기 위해서는 우리 기업만의 확고한 시스템이 구축되어 있어야 한다.

많은 기업이 국제 표준 경영 시스템이 왜 필요하고 어떻게 나의 조직에 활용하면 좋은지에 대해 모르거나 잘못 이해하고 있다. 이 저서를 통해 국제 표준을 접한 많은 경영자가 ISO 인증을 취득하는 것에만 목적을 두었던 잘못된 편견에서 벗어나길 바라며, ISO 인증이 소규모 조직에서는 맞지 않고 오히려 불편하다는 오해를 바로 잡길 바란다. 어차피 해야 할 일이라면 현재 나의 상황과 수준에 맞추어 어떻게 하면 효율적으로 경영할 수 있는지 다시 한번 되새겨 보는 시간이 되기를 기대해 본다.

이 저서는 기업의 규모에 맞추어 누구나 경영 시스템을 운영할 수 있도록 가이드라인을 제공하고 있다. 창업을 앞두고 있거나 이제 막 사업을 시작한 스타트업 단계에 있는 경영자, 그리고 한창 성장기로 달려가는 경영자에게 기업 경영의 가장 근간을 이루는 경영의 법칙을 안내해 줄 것이다. 또한 비즈니스에서 곤란한 상황에 맞닥뜨렸을 때 큰 어려움이 없이 어떠한 방향으로 나아가야 할 것인가에 대한 지침을 얻을 수 있을 것이다. 무조건적으로 노력하고 열심히만 하면 된다는 정신적 만족을 넘어서 성공으로 가는 경영 지침서가 되어 줄 것이다. 목표를 세우고 성과를 극대화하고자 하는 조직이나 단체 이외에도 개인 성과 관리에도 유익한 안내서가 되어 줄 것이다.

당신이 발휘할 영향력을 선택하라. 아무리 회사 규정이, 시대가, 문화가 변하더라도 경영의 본질은 바뀌지 않는다. 저서와의 만남이 경영의 큰 그림을 그리며 변화와 성장을 이끄는 변곡점이 되길 간절히 바란다. 이 시대 모든 리더가 경영의 본질을 깨닫고 시대를 분별하며 주도적인 삶을 살아가길 뜨겁게 응원한다.

끝으로 ITS 인증원의 모든 식구에게 감사드린다. 또한《성공한 기업이 알려주지 않는 경영 시크릿》을 대중에게 알릴 수 있도록 기회를 주신 출판사 대표님께 진심으로 감사드린다. 그리고 한결같은 사랑과 격려를 아끼지 않는 가족에게 고마움을 전한다.

2021년 9월
박준영, 신성호

Contents

Secret.5 비즈니스의 성공과 실패는 유행보다 기본에 달려 있다

모든 경영자가
프로는 아니다

경영은 누구나
힘들고 외롭고 두렵다

모든 것이 빠르게 변화하는 뉴노멀의 시대이다. 우리는 지금 끊임없이 변화하는 사업 환경 속에서 살고 있다. 직장생활하는 젊은 친구들도, 퇴직을 앞둔 중년들도 불확실한 미래에 대한 걱정과 두려움은 동일하다. 그러다 보니 중년들은 퇴직하고 창업이나 시작해볼까 하며 장수 시대에 발맞추어 인생의 이모작을 준비한다. 요즘은 창업을 장려하는 국가 지원 정책들도 많이 등장하였다. 또한 시대의 흐름에 따라 나홀로 경영하는 1인 기업가도 많이 증가하는 추세이다. 사람들은 경영자로서의 명예와 부도 얻고 멋진 성공을 이루고 싶다는 희망으로 사업을 시작한다. 그러나 경영이 생각만큼 쉬운 일은 아니다. 불확실성의 시대, 지금은 아무리 열심히 일한다고 해도 성공을 보장하기 어렵다.

52세 K 씨는 한 직장에서 20년을 근무했다. 그는 회사를 퇴직하여 퇴직금으로 자신의 버킷 리스트인 식당을 창업했다. 오랜 세월 직장인으로 근무하던 그는 오너가 된다는 부푼 기대감을 가지고 있었다. 사장이 되면 다른 사람 아래에서 일해야 하는 구속감으로부터 해방되리라 굳게 믿었다. 그러나 기쁨도 잠시 상황은 뜻대로 진행되지 않았다. 직원과의 갈등뿐만 아니라 원료 업체들과의 소통 문제, 폭탄처럼 터지는 손님들의 SNS^{Social Network System} 불만 사항 등 예상하지 못한 문제들이 우후죽순으로 발생했다. 기업 내 조직을 포함한 이해관계자들은 경영자에게 요구하는 것이 많다.

K 씨가 사업을 시작한 이유는 창업을 하면 이전보다 시간적인 여유와 경제적인 자유를 만끽할 수 있으리라 기대했기 때문이다. 사장이란 누구나 한 번쯤 꿈꾸어 보는 매력적인 자리이다. 사장이 되면 좋은 차를 타고 맛있는 음식을 먹으며 화려한 생활을 즐길 수 있을 것으로 믿었다. 그러나 그의 생각은 오산이었다. 오히려 사장인 지금, 더 큰 책임감과 중압감을 가지고 일하고 있다.

경영자의 위치는 다른 이들이 상상하기 힘들 정도의 고뇌가 숨어 있는 자리다. K 씨는 사업에 대한 열망으로 창업을 시작했으나 그의 상황은 직장생활보다 더 불안하고 위태로운 상황이 되어 버렸다.

경쟁이 치열한 시장에서 생존하고 성장하는 일이란 결코 쉬운 것이 아니었다. 사장이 되면 시간적인 여유와 경제적인 자유를 누릴 수 있다는 착각을 하지 말아야 한다. 사장은 1년 365일, 하루 24시간, 심지어 꿈속에서조차 회사의 모든 것에 대해 고민해야 하는 자리이다.

그렇다면 세상에서 신나게 일하는 경영자는 과연 얼마나 될까? 직원은 각자에게 주어진 일에만 최선을 다하면 되지만 경영자는 만능이 되어야 한다. 사업에서 벌어지는 여러 분야의 업무들은 서로 이해관계로 연결되어 커다란 네크워크로 움직인다. 경영자는 사업을 시작할 때 기업의 규모에 상관없이 챙겨야 할 일들이 수없이 많다. 그래서 경영자는 변화의 흐름을 감지하고 다각도의 시각과 판단을 내릴 수 있는 안목을 가져야 한다.

48세 L 씨는 제조업을 경영하시는 아버지를 도와 사무 업무를 본 지 벌써 7년 차이다. 외부적으로는 회사 대표라고 하면 마냥 좋은 자리라는 생각이 들겠지만 하나부터 열까지 신경 쓰지 않는 것이 없었다. 특히 제조업을 운영하는 입장에서 주 5일 근무와 최저 임금 인상은 경영자에게 큰 부담이 되었다. 제조업 특성상 힘든 일이어서 젊은 사람들이 선호하지 않아 외국인 근로자들을 고용했는데, 만약 그들이 없었다면 회사의 운영은 쉽지 않았을 것이다. 심지어 수출 경제 악화로 대기업들의 발주량이 현저히 줄었다. 이로 인해 주변 협력 업체들도 운영악화로 폐업을 한다. IMF 때보다 더 힘들다는 요즘 상황을 직원들은 잘 이해하지 못한다. 근로 시간 단축과 임금 인상과 같은 이 모든 부담은 회사 대표가 짊어지고 가야 한다.

경영자라는 자리는 회사가 잘되면 잘되는 대로, 안 되면 안 되는 대로 걱정이 있다. 경영자는 자신의 월급은 못 가져가도 직원의 월급은 지급해야 한다. 그러다 보니 급한 자금이 필요해 지인에게 아쉬운 소리를 해야 하는 때도 있고, 아파트 담보 대출은 물론 신용 대출을 받아야 할 때도 있다. 매달 돌아오는 사무실 임대료와 직원 급여, 그리고 시장 변화에 따른 새로운 콘텐츠 발굴과 비즈니스 모델 구상 등 기본적인 업무 이외에도 부수적으로 발생하는 과제와 예상치 못한 문제들이 찾아온다. 누구보다도 고군분투하며 기업을 이끌고자 하지만 경영자의 애환과 고충은 매우 크다. 요즘처럼 특히 고용노동부가 고용 상황을 세밀하게 점검하고 있을 때는 사내 복지에도 많은 신경을 써야 한다. 조직이 점점 늘어날수록 매월 지출해야 할 비용과 처리해야 할 업무가 늘어난다. 대기업이라면 역할 분담이 잘 되어 있고 부서별 책임자들이 있어 업무 분담이 가능하지만 중소기업은 사장이 여러 가지 업무들을 직접 챙겨야 한다.

불과 10년 전만 해도 경영을 한다고 하면 성공의 상징이자 최고의 찬사 거리였다. 그러나 요즘은 누구나 마음만 먹으면 경영자가 될 수 있다. 하지만 경영을 하기란 만만치 않은 상황이다. 창업한 지 얼마 되지 않은 사장은 물론이고 중견 기업의 사장도 그 자리를 유지하기가 결코 쉬운 일이 아니다. 경영자는 모든 일의 결과에 대해서도 책임져야 하며 작은 실수에도 심한 비난을 들어야 한다. 경영자의 위치는 누구나 부러워하는 자리이지만 외롭고 무거운 자리이기도 하다.

비행기가 날아오르기 위해서는 일정 거리와 일정 시간 이상 질주해야 이륙에 필요한 양력을 얻을 수 있다. 두 가지 중 어느 하나가 조금만 모자라도 비행기는 날 수 없다. 이것이 '임계점 이론'이다. 성공의 법칙도 이와 같다. 도전은 하고 있으나 어느 수준 이상을 집중하지 않으면 이룰 수 없고, 집중적으로 도전한다고 해도 절대 시간 이상의 노력이 없으면 좋은 결과를 기대할 수 없다. 사업에 성공하기 위해서는 어느 정도 이상의 절대적인 시간과 훈련이 필요하다. 창업자는 아주 커다란 뜻을 품고 경영을 시작하지만 현실은 언제나 냉정하다. 창업 후 이익을 내기 위해 서둘러 회사를 무리하게 확장하면 오히려 큰 손해를 입는다. 무슨 일이든 첫술에 배부른 사람은 아무도 없다.

경영은 등산과 같다. 산 밑에서 곧바로 정상으로 뛰어오를 수 있을까? 산자락에서 출발해 한 걸음씩 가다 보면 이정표가 나타나고 그것을 보고 등산로를 거쳐 정상에 오른다. 산에 오르는 도중 숨이 차고 힘겨울 수 있지만 굳은 신념과 사명감이 있다면 어려운 상황은 문제가 되지 않는다. 이 과정이 지나고 나면 곧 정상에 올라 신선한 공기를 마시며 산 아래를 여유롭게 내려다볼 수 있다.

좌절과 실패란 인생 가운데 누구나 수없이 겪는 일이다. 독감 바이러스에 감염되어 몸살을 앓고 나면 몸 안에 항체가 생성된다. 이것이 후천적인 면역 시스템이다. 우리가 직접 몸으로 부딪쳐야 저항력, 즉 면역력이 생기는 법이다. 우리가 역경을 받아들이고 노력하는 순간 비로소 그에 대해 견딜 힘이 생긴다. 여러 가지 좌절과 실패, 그리고 억울함은 누구나 겪어야 하는 인생의 시험이다. 남을 원망하거나 자포자기하기보다 역경을 딛고 일어나 더욱 담대한 포부를 안고 끊임없이 강해져야 한다. 어려운 환경을 이겨내고 성공하는 경영자가 진정한 영웅이다. 사업이 잘된다고 자만해서도 안 되고 실패했다고 의기소침해질 것도 없다. 세상의 평가에 초연해질 때 가장 높은 경지에 오를 수 있다.

우리는 이미 모두가 경영자이다. 개인적 삶의 영역에서 또는 경영에서 수많은 선택과 결정을 하고 있다. 그러나 정신없이 벌어지는 일들을 처리하다 보면 무엇을 위해 경영자로서 사업을 하고 있는지 방향을 잃어버리기도 한다. 기업을 경영하는 일은 자기 자신을 다스리는 일과 같다. 즉 사업을 하기 전에 먼저 자기 경영부터 이루어져야 한다. 너무 순조로운 길만 걷다 보면 실패에 대한 일 근육을 키울 수 없다. 가장 큰 실패는 포기하는 것이다. 실패와 억울한 일을 당해 보지 못한 사람은 큰 포부를 가질 수 없다. '내가 한번 견디어 보자.'라는 마음으로 계속 부딪치다 보면 차츰 역경에 대한 대응력도 높아지고 자신감도 생긴다.

경영은 누구나 힘들고 외롭고 두려운 길이다. 그러나 사명자로 거듭 나서 선택한 길을 가감 없이 걸어가야 한다. 스스로 외로움을 견뎌내 야 영광을 얻을 수 있다. 비록 나 홀로 무인도에 서 있는 것과 같을지 라도 섬에 올라가 외로움을 이겨내야 크게 발전할 수 있다. 경영자는 먼저 본인이 하고 있는 일을 즐길 줄 알아야 한다. 누구든지 즐길 수 있는 일을 하면 외로움을 생각할 겨를이 없다. 위대한 기업으로 비상 하기 위해서는 영양을 공급하고 성장에 필요한 훈련을 받으며 구체적 인 행동을 통해 체계를 잡는 능력을 키워야 한다. 경영의 시작은 성공 이 아닌 성장이다.

혼자 다 하려고
하지 마라

　기업에서 조직과의 친밀한 관계를 유지하면서 함께 성과를 낼 수 있는 좋은 방법이 무엇일까? 경영자의 대부분은 이런 고민을 가지고 있다. 기업을 운영하다 보면 업무 자체로 인한 스트레스보다는 상사나 동료 관계 또는 부하 직원으로 인해 유발되는 스트레스와 이에 따른 갈등이 더 심각하다. 그러다 보니 우리는 아주 친한 사이가 아닌 이상 상대에게 말을 삼가거나 불편한 상황은 서로 피하게 된다. 진심 어린 마음으로 상대에게 해준 조언이 오히려 오해를 불러 상처로 돌아오는 경우가 있다. 그러다 보니 자신의 안위를 보호하기 위해 할 말이 있어도 섣불리 나서지 않는다. 경영자는 좋은 관계를 유지하기 위해 여러 가지 방법들을 시도해 보지만, 조직을 다루는 일은 여간 어렵지 않다.

　필자는 수많은 경영자와 직원들에게 기업 컨설팅과 ISO^{International} Organization for Standardization, 국제표준화기구 경영 시스템 인증 심사를 도와주고 있다. 그러다 보니 리더들의 큰 고민이 관계의 문제라는 것을 누구보다 잘 알고 있다. 특히 상하 관계에서 일어나는 문제는 기업 내에 큰 리스크를 불러일으킬 정도로 매우 심각한 문제이다. 경영자의 대부분은 이런 상황을 능숙하게 대처하지 못한다. 경영자는 성과를 올리는 것이 우선순위기 때문에 관계보다는 업무에 초점을 맞추는 경우가 대부분이다. 그래서 경영자는 본질적으로 관계에서 실마리를 찾지 않고 업무에서 문제의 답을 찾으려 한다. 결국 경영자는 믿었던 직원에게 배신을 당하기도 하며, 의도하지 않은 부분에서 깊은 상처를 받기도 한다. 경영자와 직원 간의 어려운 관계를 해결하기 가장 좋은 방법은 바로 진실한 대화이다. 소통의 부재는 서로의 기대를 멀어지게 하는 주범이다.

ISO 경영 시스템 인증 사후 2차 심사를 위해 방문한 기업이 있었다. 5년간 화장품 제조업을 운영하는 H 씨는 경영자로서 할 업무가 매우 많았다. H 씨의 경영 스타일은 기업에서 발생하는 모든 업무는 다 알아야 하는 관리형 리더이다. 많은 업무를 조직원에게 위임하지 않고 자신이 직접 처리한다. H 씨는 기업 업무의 모든 것을 자신이 관리하고 처리해야만 마음이 놓였다. 그리고 자신이 그 분야에 최고의 전문가라는 자부심을 가지고 있다. 그러다 보니 중요한 업무에 집중하여 처리하는 데 있어 항상 시간이 부족하다고 하소연했다.

H 씨처럼 모든 업무를 본인이 다 처리한다면 직원으로부터 사장님과 같은 열정과 업무에 대한 주도성, 그리고 책임감은 기대하기 어렵다. 경영자가 너무 똑똑하면 직원을 성장시키는 데 관심이 소홀해질 수 있다. 경영자는 직원을 믿고 뽑았으면 주요 업무들을 위임해 주어야 한다. 그리고 경영자는 경영에 집중해야 한다. 경영자는 사업 계획부터 이윤 창출, 전략 등 여러 가지 중요한 일에 우선순위를 두어야 한다. 경영자는 조직원의 성과를 인정해주고 조직원의 성장을 계획해야 한

다. 경영자가 사사건건 모든 일을 다 하려는 기업은 지속적으로 성장하기 어렵다. 리더는 조직과의 어려운 관계를 피하기 위해 혼자 다 일하려고 하지 말아야 한다.

필자는 기업 방문 시 경영자로서 조직에 권한을 위임하는 것을 불편해하는 리더들을 종종 만난다. 이런 리더에는 크게 세 가지 유형이 있다.

첫째는 새로운 변화에 익숙하지 않은 리더이다.

이 유형은 외부적 또는 내부적 환경의 변화에 대한 인식도 느리며, 변화에 대한 저항도 매우 강하다. 누구나 변화를 불편해한다. 그러나 기업의 핵심적인 역할 중 하나는 지속적으로 조직을 성장시켜야 한다는 사실이다. 경영자는 기업의 혁신을 주도해 가는 항해사이다. 혁신이란 적극적으로 변화를 수용하고 적응하며, 자신의 성장은 물론 조직의 성장을 위해 교육과 훈련을 시킬 줄 알아야 한다. 끊임없이 변화하는 세상에서 경영자가 변화를 거부하고 불편해하는 것은 기업의 성장을 방해하는 일이다. 경영자는 시대의 변화에 저항하기보다 순풍에 몸을 내맡겨야 한다. 그래야 세상 변화의 중심에서 파도를 타며 조직과 함께 성장할 수 있다.

둘째는 자기 위치를 유지하고 싶은 욕구가 강한 리더이다.

이 유형은 현상을 유지하길 원한다. 자신이 소유한 것을 잃어버리지 않을까 하는 두려움을 지녔으며, 직원들을 도와 그들이 성장하게 되면 자신이 조직에서 비중이 없는 사람이 되지 않을까 걱정한다. 이런 리더는 조직에 없어서는 안 될 독보적인 사람이 되고 싶어하며, 본인 없이는 기업 운영이 불가능하도록 만든다. 그러나 현실은 반대이다. 직원에게 권한을 위임하고 그들의 핵심 역량을 개발시키면 오히려 경영자가 조직에 없어서는 안 될 영향력 있는 사람이 된다. 경영자는 지속적으로 직원을 양성하고 그들이 뛰어난 성과를 낼 수 있도록 지원해야 한다. 그리하면 경영자에게 자연스럽게 존경심이 따라오게 된다.

셋째는 자존심이 높은 리더이다.

리더가 자존심이 높은 경우는 남들이 자신을 어떻게 보는지에 대해 항상 관심이 많다. 그러다 보니 다른 사람에게 시선을 돌릴 여유가 없다. 이들은 다른 사람들의 생각이나 경험에 크게 자극받지 않는다. 혼자서 업무를 기획하고 결정한 것이 최선이라 믿는다. 성장하는 기업의 리더는 강한 자존심이 아닌 자신감으로 승부해야 한다. 자신에 대한 신념이 있다면 자존심은 버릴 수 있어야 한다.

자존감이 강한 리더는 자신의 경영 철학과 조직의 힘을 믿는다. 다른 사람에게 권한을 위임하는 것은 자신에 대한 신뢰에서 출발한다. 자신에 대한 신뢰가 높으면 다른 사람에게 권한을 나누어 줄 수 있다. 자기 자신을 신뢰할 수 있는 사람은 주위에 좋은 영향력을 주며 주위의 환경을 긍정적으로 이끌어 간다.

조직을 성장시키면 리더도 함께 성장한다. 조직을 믿고 자신이 가진 에너지를 나누어주는 리더가 조직과 더불어 더 큰 역량을 발휘할 수 있다. 경영자는 조직의 도움이 있어야 성과를 만들어 갈 수 있다. 자기애만 높은 경영자는 사업의 크기를 확장하기 어렵다. 경영자는 직원을 한 가족처럼 여기고 존중하며 서로의 자존감을 지켜주어야 한다.

추락을 거듭하던 마이크로소프트가 대표를 바꾸고 4년 만에 다시 세계 시총 1위를 탈환했다. 바로 마이크로소프트를 이끄는 사티아 나델라의 커뮤니티 리더십이 이런 극적인 변화를 가능하게 했다. 소통과 공감, 그리고 나눔의 커뮤니티 리더십을 통한 변화가 마이크로소프트의 성공 신화를 이끌었다. 사티아 나델라는 MVP^{Most Valuable Player}라는 상까지 만들어 매년 수천 명의 직원에게 수여하며, 조직이 다 같이 성장할 수 있는 방향으로 함께 공부하고 지식을 나누는 리더이다. 아마존, 구글, 페이스북과 같은 기업들도 수천억 원의 예산을 쏟아부어 커뮤니티 리더를 지원하고 육성한다.

커뮤니티 리더십이란 함께 공부하고, 함께 문제를 해결하며, 함께 성장하는 것을 의미한다. 리더 혼자 성공하는 시대는 막을 내렸다. 조직 생활을 하다 보면 일반적으로 사원에서 관리자로, 그리고 점차 그다음 리더의 자리로 올라간다. 조직에서는 주로 일만 잘하면 인정받는다. 그러나 리더는 직원에게 시기적절하게 동기를 부여해야 하며 조직의 능력을 최대한 끌어내 성과를 창출해야 한다. 결국 리더의 역할은 일보다 관계 관리의 비중이 더 높다.

우리는 결코 혼자서 살 수 없다. 함께 어우러져 살 수밖에 없는 운명 공동체이다. 리더는 구성원이 위축되지 않고 자신의 능력을 최대한 발휘할 기회를 주어야 한다. 내외부와의 소통과 공감을 나누지 못하면 기업의 생존도 보장할 수 없다. 기업의 성공은 혼자만의 힘으로 이루어지지 않는다. 경영자는 열정을 가지고 열심히 노력하는 직원과 힘을 합쳐 더 위대한 기업으로의 비상을 꿈꾸어야 한다. 우리의 삶 가운데 가장 빛나는 순간은 마음을 함께하는 진정한 동반자가 곁에 있을 때 만들어진다. 절대 혼자 모든 것을 다 하려고 하지 마라. 누구도 혼자서는 성공할 수 없다.

세상에
영원한 충성은 없다

"열 길 물속은 알아도 한 길 사람 속은 모른다."라는 속담처럼 사람의 마음을 온전히 이해하기란 결코 쉬운 일이 아니다. 심지어 나 자신도 내 마음을 잘 모르는데 어찌 남의 마음을 헤아릴 수 있겠는가? 게다가 하루에도 수십 번씩 바뀌는 것이 사람의 마음이다. 경영의 중심에는 사람이 존재한다. 수많은 리더가 가장 흔하게 범하는 실수는 '김 과장은 영원히 나와 함께 갈 사람이야.'라는 근거 없는 믿음을 가지는 것이다.

K 씨는 3년 만에 20명에서 100명의 조직으로 사업의 규모를 키운 중견 기업 대표이다. 전 조직이 20명 남짓할 때는 조직의 업무도 파악이 되고 조직 간에 눈빛 교환만으로도 서로 소통할 수 있는 긴밀한 관계였다. 그러나 사업이 확장되면서 조직이 증가하니 예전처럼 업무가 한눈에 들어오지 않았다. 기업의 매출은 증가했으나 K 씨는 또 다른 고민이 생겼다. 바로 조직 관리였다. 결국 그가 선택한 방법은 전 조직

에 KPI^Key Performance Indicator를 도입하는 것이었다. KPI란 전략 경영의 가장 핵심적인 업무 측정 지표이다. 이 제도를 도입한 후 성과에 대한 인센티브 제도를 실사하였다. 그리고 정기적으로 회식 문화를 만들고 성과 보너스도 지급하였으며 체육대회와 단합회 등 다양한 기업 행사들도 시도해 보았다. 하지만 K 씨는 기대와 다르게 조직의 사기가 좀처럼 올라가지 않는다는 사실을 알게 되었다. K 씨는 직원들의 마음을 이해하기가 너무 어렵다며 하소연했다.

일반적으로 경영자의 대부분은 보상을 강화하고 능력에 따라 차등 보상하면 기본적으로 성과가 높아질 것이라고 생각한다. 그러다 보니 대부분의 기업이 성과 달성을 위한 연봉제와 인센티브제를 도입한다. 특히 기업이 위기에 처하거나 매출 성과가 하락하면 차등 보상을 도입하고 내부 경쟁을 독려하며 객관적인 평가를 실시한다. 그런데 이 기업은 이렇게 객관적인 평가 지표를 도입한 후 조직 간의 이타적인 관계가 사라지고 오히려 냉소적이며 이기적인 조직 문화가 형성되었다. 경영자라면 인센티브 제도가 직원들의 마음을 움직이는 강력한 도구가 될 수 있을지 한 번 더 고민해 봐야 한다.

KPI는 기업의 경영 방침이 정해지고 그 경영 목표에 대한 과제의 성과 수준을 측정하고 보상하기 위한 제도이다. KPI는 품질 경영^Quality Management을 하는 기업의 목표 달성 여부를 측정하는 도구로 사용할 때 매우 유용하다.

그러나 중소기업에서는 KPI가 조직의 성과를 제도의 틀에 가두는 방식으로 오히려 업무에 대한 개인주의를 양산시키며 조직의 문화를 경직시킬 수 있다. KPI는 개인별 과제에서 목표를 달성해야 할 지표로 사용하는 것이 매우 효과적이다. 그러나 기업의 규모나 업무의 형태에 따라 조직 또는 부서 간 협업하여 목표를 도출하고, 상호 주관적으로 평가해 보상하는 방법이 더 효율적일 수 있다.

대부분의 기업이 일반 성과 관리 지표로 KPI를 관행적으로 사용한다. 이런 경우 기대만큼 조직에서 긍정적인 성과를 창출하기란 쉽지 않다. 직원들은 자신이 기업의 부속품이나 성과의 도구로 취급당하는 느낌을 받을 수 있다. 그러면 직원들은 기업에서 영혼 없이 시키는 대로 일만 하게 된다. 인센티브 제도 또한 당연한 것으로 받아들이게 된다. 직원들은 상대적으로 피해 의식이 증가하고 남들보다 늦어지는 승진에 불만을 갖는다. 그리고 자신의 무능력이 아니라 인사 제도의 불합리성 때문이라고 원망한다. 조직의 성과 평가는 결코 정량적으로만 측정되지는 않는다. 금전적 보상이나 승진과 같은 것은 성과에 대한 직접적인 동기가 되지 못한다. 보상은 눈에 보이고 손쉽게 잡을 수 있는 대상이기 때문이다. 물질적인 보상으로 조직원들의 자발성을 사려고 하지만 오히려 이들의 자발성은 더 경직된다. 외부에서 주어지는 보상은 직원들의 자발적인 동기를 끌어내는 데 한계가 있다.
이처럼 보상이면 모든 것이 해결된다는 식의 전략은 열심히 일하려는 직원들의 동기와 열정을 꺾어 버리고, 조직에 잠재되어 있는 능력과 기회 발견을 제한할 수 있다.

조직에 열정을 심어주는 인사 제도는 일의 목적과 이유를 찾아 조직의 성장을 통한 자아의 발견과 확장을 체험할 수 있는 기회를 제공해 주는 것이어야 한다. 조직은 내적 성장을 경험했을 때 충분한 보상을 받았다고 생각한다. 자발적인 동기에는 어떤 일이 있어도 반드시 업무를 완수해야 하는 책임감이 작용한다. 목적을 달성하기 위해 일할 때 저절로 동반되는 것이 바로 자아 성장이다. 조직의 자아 성장과 실현은 기업의 지속적인 성장과 변화를 이끌어 낸다. 이러한 긍정적 경험은 중독성을 가지고 있어서 조직은 비슷한 기회가 생기면 보상이 없어도 다시 몰입한다. "제아무리 잘하는 사람도 그 일을 즐기는 사람만 못하다."라는 말이 있다. 능력이 탁월해도 의무적으로 일하는 사람보다 자신의 업무에 자부심을 가지고 열정을 다하여 일하는 사람이 장기적으로 보면 더 높은 성과를 내기 마련이다.

대한민국의 인재들은 끊임없이 경쟁과 주입식 교육을 통하여 다양성보다는 획일화된 답에 길들어져 왔다. 여러 강력한 스펙, 그리고 학벌 싸움과 경쟁으로 고군분투하던 학생들은 회사에 입사한 후 수직적인 위계 구조와 경직된 조직 문화에 적응해야 한다. 심지어 사내 정치로 부정적인 악순환에 적응이 되어 버린 기업의 문화는 직원의 자율성과 다양성, 그리고 창조성을 상실하게 만든다. 똑똑한 인재들이 회사에 들어가서 더 이상 성장하지 못하는 일들이 벌어진다. 직장은 하루의 절반 이상의 시간을 보내는 삶의 중심지이다. 그런데 과로와 스트레스로 몸과 마음의 건강을 해치고 진취적인 미래를 꿈꿀 수 없다면 기업의 긍정적인 미래도 기대하기 어렵다. 리더는 구성원이 각자의 다양성과 정체성을 살리면서 일할 수 있는 조직 문화를 만들어 주어야 한다.

G 기업의 K 씨는 3년 차 대리이다. 그는 과감하게 회사를 퇴사하고 다른 회사로 이직하였다. 그의 신념은 5년 이상을 한 회사에서 근무하

지는 않는다는 것이다. 그는 어디든 경력에 도움이 된다면 이직하는 것이 옳다고 생각한다. K 씨는 회사에 3년을 근무하고 퇴사했지만, 자신의 꿈을 실현시켜 줄 만한 회사가 아니라면 언제든지 이동할 준비가 되어 있다. K 씨는 회사를 위해 일하기보다 자신의 커리어를 쌓기 위해 일한다. 이 회사에서 더 많은 것을 배우고 더 뛰어난 전문가로 성장해 또 다른 곳에서 멋지게 쓰이거나 사업을 하고 싶다고 말한다. 경영자의 입장에서 볼 때 참으로 이기적이며 매정한 직원이 아닐 수 없다. 하지만 경영자는 냉철하게 자신의 회사를 어떻게 꾸려가는 것이 좋을지 조직 관계에 대해 신중하게 생각해야 한다.

K 씨처럼 자아실현을 위해 경력을 쌓는 것을 목표로 하는 직원은 회사에서 일하지 말라고 해도 오히려 자발적으로 열심히 일한다. 일을 열심히 해야 자신의 경력에도 도움이 되기 때문이다. 시키는 일을 하기보다 자신의 재능에 맞추어 일하는 직원은 적극적이면서도 책임감 있게 일하는 조직 문화를 만들어낼 수 있다.

경영자는 떠나는 직원을 두려워해서는 안 된다. 능력이 있는 사람은 언제든지 더 높은 이상을 향해 나아가려고 하는 본성이 있다. 인증 심사 중 만난 중소기업의 P 대표는 직원 교육에 부정적인 시각을 가지고 있었다. 왜냐하면 사내 교육을 하면 직원이 스스로 능력이 뛰어나다고 생각해 더 좋은 환경의 기업으로 이직을 하기 때문이다.

그런데 이를 반대로 생각해 보면, 능력이 뛰어나지 않은 직원을 계속 고용하는 것이나 다름없다. 이런 기업이 과연 얼마나 발전할 수 있을까? 하물며 급변하는 시장 환경 속에서 살아남을 수 있을까?

한 글로벌 컨설팅 회사에서는 신입 직원과의 첫 인터뷰에서 "언제 스스로 창업 또는 이직을 할 것인가?"를 묻는다고 한다. 최대한 조직의 성장을 유도하는 분위기를 조성하되, 그렇지 않은 직원은 회사에도 도움이 되지 않으니 함께하지 않겠다는 의미이다. 고만고만한 직원은 딱 그만큼의 회사에서 평생 일하기를 원한다. 당신이 경영자라면 어떤 직원과 함께 우리 기업을 발전시킬 수 있는지 고민해 봐야 한다. 직원이 성장할 때 기업도 함께 성장하는 것이 가장 좋은 그림이다. 기업이 그 직원의 성장보다 발전이 늦다면 그 직원을 멋지게 보내줄 수도 있어야 하는 것이 경영자의 자세가 아닐까 싶다. 당신도 그런 이유로 회사에서 나와 창업을 하지 않았던가? 멋진 헤어짐을 통해 또다시 경영자의 가장 믿을 수 있는 동력자가 될 수 있다는 사실도 잊지 말아야 한다.

경영의 오류와 실패를 줄이려면 직원의 마음을 움직여야 한다. 기업이 성과를 높이기 위해 직원에게 감동이 없는 동기부여를 하는 것은 의미가 없다. 경영자가 아무리 새로운 시스템이나 제도를 도입한다 해도 직원들이 그것을 수용하지 않는다면 의미 없는 시도에 그치기 쉽다. 전략적인 리더는 직원 각자에게 사명과 책임 의식을 살려주어야 한다.

경영자가 내부 경쟁을 시킬수록 성과는 늘 제자리이거나 오히려 나빠지기 쉽다. 직원이 떠나는 이유는 업무에 대한 적응의 어려움도 있지만 본인이 추구하는 비전과 일치하지 않기 때문이다. 그러다 보면 유능한 인재는 떠나고 기업에는 무능한 직원들만 늘어난다. 무엇보다도 직원의 심리를 먼저 알아야 기업을 제대로 움직일 수 있다. 직원은 기업보다 자신의 미래에 더 관심이 많다. 세상에 영원한 충성은 없다.

과거의 성공이
미래를 보장해 주지 않는다

"오래된 규칙은 산산조각이 나고
새로운 규칙이 쓰여 가고 있다."

세계적인 역사가이자 미래학자인 유발 하라리의 말이다. 전 세계는 4차 산업혁명으로 최근 몇 년 사이 급격한 변화를 겪고 있다. 그런데 또 다른 강력한 변수가 찾아왔다. 바로 스페인 독감, 홍콩 독감, 메르스에 이어 코로나 바이러스의 대확산이다. 이러한 시대적인 상황은 불과 몇 년 전에 통용되던 전 세계의 기준과 상식을 무너뜨리고 예측 가능한 미래를 기대하기 더욱 어렵게 만들었다. "10년이면 강산이 변한다."는 말도 옛말이다. 문제는 기업도 비상이라는 점이다. 기업은 더 빠르고 유연하게 변화하고 위기에 맞서 나가야 한다. 위기가 닥친 후 대처 방법을 모색하는 것은 이미 늦은 일이다.

연간 200억 매출의 K 기업은 식품 제조 및 유통 회사이다. 경영자는 불경기로 인한 위기 상황이 찾아오면 매번 위기 극복 구조 기준안을 발표한다. 이 기업의 사내 규정은 다음과 같았다.

하나, 경비 절약의 필요성을 전 임직원에게 알린다.
둘, 인적 자원을 재배치한다. 부서별 최소 인원으로 운영한다.
셋, 임원 보수 지급액을 금월부터 20% 삭감 지급한다.
　　임원은 경비 절감에 동참한다.

이와 같이 경영자의 대부분은 기업의 위기를 극복하기 위해서 조직 감원과 급여 삭감을 선택한다. 중소기업은 물론이며 자영업자도 어려움이 찾아오면 어김없이 떠올리는 것이 구조 조정이다. 또는 희망 퇴직을 장려하거나 희망에 따라 기존 조직의 부서를 재배치한다. 회사 차량의 수를 줄여 긴급한 업무에만 운행하거나 관리 부서의 인원을 최대한 축소하고 영업과 마케팅 부서에 집중하기도 한다. 이처럼 조직 생활을 해본 사람이라면 누구나 뼈아픈 구조 조정의 경험을 가지고 있다. 그러나 경영자는 조직을 줄이는 것이 최선의 방법인지 심사숙고해 보아야 한다.

보통 직원들은 10년 이상 한 직장에 몸담고 있으면서 자신들의 노력으로 기업을 이만큼 키웠다는 자부심을 갖고 있다. 그런데 이들이 헌신해서 일해 왔던 기업을 떠나야 할 경우, 그 허탈감과 상실감은 매우 크며, 이것이 기업에 대한 원망의 불씨가 되어 해를 끼칠 수도 있다.

생각보다 많은 경영자가 과거의 경험으로부터 자유롭지 못하다는 것을 현장에서 많이 체험한다. 경영자는 위기 상황에 몰리게 되면 자신이 습득한 지식과 경험을 무시하고 과거에 성공했던 방식에 더 집착하게 된다. 그들은 과거의 성공 방식으로 리스크를 최소화하려 한다. 그래서 새로운 변화보다 현상 유지를 선택한다. 하지만 기업 내 모든 업무에서 경영자는 직원들의 도움을 받지 않고는 기업을 성장시킬 수 없다. 리더가 과거의 성공 원인에 집착하고 새로운 변화를 망설일수록 기업이 성장할 기회는 놓치게 된다. 최고 경영자가 되고 싶다면 새로운 위기 극복 능력을 배우고 키워야 한다.

세계적인 브랜드로 명성을 높이던 코닥은 풍부한 원천 기술을 바탕으로 필름 시장에서 수십 년 동안 독점 시대를 누렸다. 코닥은 누구나 사용하기 쉬운 필름과 이를 활용한 편리한 카메라를 선보여 1900년대 카메라 시장을 장악했다. 코닥에서 필름 사업은 수익이 마르지 않는 효자 아이템이었다. 그러나 코닥이 131년 만에 파산 보호 신청을 했다. 코닥은 디지털 사진이라는 새 패러다임에 적응하지 못하면서 내리막길을 걷기 시작했다. 디지털 사진 기술을 가장 먼저 고안했던 코닥이지만 경쟁사들에 1등 시장을 내주고 말았다. 코닥은 디지털 환경이 미칠 충격을 과소평가하였고, 사진 기술이 필름 시대에서 디지털 시대로 달려가고 있을 때 그 중요성을 간파하지 못했다. 신속하게 변화하지 못한 것이 경영 실패의 원인이었다. 결국 코닥은 필름이라는 과거의 정체성에 안주한 결과 몰락의 길을 걷게 되었다.

《위대한 기업은 어떻게 망하는가》의 저자 짐 콜린스는 기업의 몰락 5단계 법칙을 소개한다.

첫 번째 단계는 특정 분야에서 성공을 거둔 기업은 성공에 대한 자아도취로 자만심에 빠지게 된다는 것이다. 그리고 경영자는 자신의 능력과 경험을 과대평가하게 된다.

두 번째 단계는 경영자가 사업에 더 많은 욕심을 내는 단계이다. 모든 일이 뜻대로 이루어질 것 같은 기대감으로 다음 사업의 확장을 준비한다.

세 번째 단계는 기업 내부에 서서히 위험 신호들이 감지되기 시작한다. 그러나 경영자와 직원들은 이러한 위험 신호를 받아들이지 않으며 남 탓으로 돌리기 시작한다. 그리고 오로지 긍정적인 신호만을 주목하게 된다.

네 번째 단계는 위기의 신호가 외부에서도 들려오며 경영자도 위기감을 느끼게 된다. 경영자는 신기술 개발, 신제품 출시, 기업 합병, 기업 컨설팅 등 한 번에 사태를 역전 시킬 수 있는 다양한 방법들을 찾아 나선다. 그러나 기업의 위기는 점점 더 깊어지고 빠르게 찾아온다.

다섯 번째 단계는 기업의 재무 상태가 급격하게 악화하며 경영자는 경영 의지를 상실하게 된다. 이로써 기업은 유명무실해지거나 생명력이 끝나게 된다. 성공 신화에 빠져 위기를 제대로 극복하지 못하는 대부분 기업들의 몰락 단계를 보여주고 있다.

경영자가 성공에 안주하는 순간에 위기가 시작되며 이런 위기를 어떻게 대처하느냐에 따라 기업의 몰락과 승패가 결정된다. 경영자는 변화의 속도를 민첩하게 감지하고 적응해야만 이 시대에 살아남을 수 있다. 기업을 방문하다 보면 이들 기업이 변화하지 못하고 실패의 길로 접어드는 매우 안타까운 현장을 보게 된다. 이들 중에는 변화의 필요성에 공감하지만 실제적으로 실행이 부족한 경우가 많다. 반대로 성장하는 기업의 공통점은 경영자가 변화를 감지하고 주도적인 사고를 갖고 세부적인 전략으로 적극적으로 변화에 대응한다. 급속하게 변화하는 환경 속에서 기업이 생존하기 위해서는 변화의 환경을 관찰하며 이에 따라가는 실제 행동이 필요하다. 위기 관리를 위해 리더는 변화를 주도적으로 이끄는 용기가 필요하다.

과거의 성과가 아무리 대단하고 뛰어난 기술력을 가지고 있다 하여도 현재 조직의 창의적인 노력이 없다면 지금의 성공이 추억으로 남는 건 한순간이다. 경영자는 빠르게 변화하는 속도와 위기에 맞추어 스스로 끊임없이 성장하고 변화에 적응해야 한다.

경영자가 위기 극복을 위해 반드시 점검해야 할 사항들이 있다.

첫째, 경영자는 과거의 경험을 의지하지 말고 이를 활용해야 한다. 과거의 성공과 실패는 좋은 정보와 지혜가 될 수 있다. 성공의 경험은 자신이 어떤 재능을 가지고 있는지 알려주고 자신감을 얻게 해준다. 그러나 이보다 더 큰 교훈은 바로 실패 경험으로부터 나온다. 자신의 잘못된 판단과 선택의 경험들을 활용하는 것이 성공의 가장 큰 자양분이 될 수 있다. 경영자는 리더십과 업무 처리 방법을 수시로 확인하며 새로운 변화를 주도해야 한다.

둘째, 경영자는 결정을 내리기 전에 상황을 파악하고 점검한다. 상황을 점검한다는 것은 환경을 고려한다는 의미이다. 물적 자원, 인적 자원과 같이 측정 가능한 정량적 요소뿐만 아니라 조직 문화, 열정, 추진력 등 정성적인 요소도 검토해야 한다. 경영자는 어떤 결정을 내리기 전에 현재 상황에 대한 세부적인 사항을 파악하며 미리 사전 예측을 할 줄 알아야 한다.

셋째, 경영자는 권위를 내려놓고 조직에 무엇이 최선인가를 먼저 생각해야 한다. 경영자는 구성원들의 이야기를 끊임없이 경청해야 한다. 아무리 훌륭한 경영자라고 해도 혼자서 모든 문제의 해답을 다 갖고 있을 수는 없다. 경영자는 여러 곳에서 아이디어를 구해야 한다. 자신과 함께 일하는 이해관계자들의 의견을 구하고 조직 내의 다양한 조직과 이야기를 나누어야 한다. 자신에게 조언을 줄 만한 사람들을 조직 안팎에서 만나보며 시간을 보내야 한다. 언제 어디서든지 자신의 경험과 지식뿐만 아니라 다른 사람들의 능력과 지식도 활용할 줄 알아야 한다.

경영자는 본인뿐만 아니라 조직의 안위도 함께 살펴야 한다. 경영자의 생각과 의도는 결국 다 드러나기 때문에 조직에 무엇이 최선인가를 먼저 생각해야 한다. 조직원은 이런 리더십에 순종한다. 경영자는 말이 아니라 행동으로 평가받는 자리이다. 직원들은 명령하는 것이 아니라 모범이 되어 이끄는 리더를 존경한다.

불확실한 미래에 대해 불안해하는 것이 아니라 지속적으로 방향을 전환하는 것은 경영자에게 매우 중요하다. 과거의 방식으로 계속 성공하려는 경영자는 기업을 위험에 빠뜨린다. 의사 결정 시 경영자가 가장 경계해야 할 것은 바로 자신의 성공 경험이다. 성공 경험이 많은 사람은 자신감 때문에 새로운 아이디어에 대한 수용이 어렵다. 경제 시장 환경은 끊임없이 변화하고 있고, 고객의 수준도 빠르게 높아진다.

기술과 혁신은 매우 빠르게 바뀌는 반면 그것에 따라오는 리더십의 속도가 느리면 그 조직은 살아남지 못한다. 조직은 리더의 생각 크기만큼 성장한다. 경영자는 배우고 또 배워야 하며 어제보다 더 큰 그림을 볼 줄 알아야 한다. 경영자는 끊임없이 변화에 열린 사고방식을 가져야 한다. 리더에게 최대의 적은 과거의 자신이다. 당신은 변화에 얼마나 열려 있는 사람인가? 리더는 배움과 훈련으로 성장한다. 리더는 절대 멈추어 서서는 안 된다.

실패해 본 자만이
집중할 수 있다

자신에게 다가오는 문제를 결코 실패로 보지 않고 불굴의 의지로 성공을 이끈 한 사람이 있었다. 남들이 안 되는 부분에 초점을 맞출 때 그는 오히려 "이봐, 해보기나 했어?"라며 해보지 않고 안 된다고 하는 사람들에게 "된다!"라고 말했다. 그는 대한민국 현대사의 한 획을 그은 고故 정주영 회장이다. 그는 실패를 포기해야 할 것으로 여기지 않고 오히려 성공을 위한 배움의 과정으로 여겼다.

요즘 시대에는 누구나 불확실성에 대한 두려움을 가지고 산다. 미지의 세계에 대한 모험은 결코 쉬운 일이 아니다. 하지만 모험이 없다면 제자리걸음이 되고 그다음은 주저앉게 된다. 모든 일의 성패는 그 일을 하는 사람의 생각과 태도에 달려 있다. 경영자의 생각과 태도는 경영의 시작이자 끝이다.

2010년 설립된 쿠팡은 인터넷과 모바일을 기반으로 한 제품과 서비스를 제공하는 플랫폼 기업이다. 쿠팡은 물건을 직접 매입해서 택배 업체에 의존하지 않고 직접 고객에게 배송하는 비즈니스 모델을 구축하고 있다. 모든 물건을 이런 유통으로 판매하는 쿠팡은 매출 1조를 넘어서는 기업이지만 5,000억 원의 적자를 안고 있었다. 그러나 쿠팡은 기존의 비즈니스 시장에서 끊임없는 성장을 위해 더 나은 방법을 고민했다. 쿠팡은 가능성이 보인다면 남들이 가보지 않은 길도 주저 없이 갔다. 그 대표적인 사례가 로켓 배송 시스템이다. 다른 기업들도 쿠팡이 시도하는 서비스를 확인한 후에 어떻게든 비슷한 배송 시스템을 만들려고 시도하고 있다. 그러나 쿠팡의 행보는 단연 이례적이며 독보적이다. 모바일 퍼스트 전략, 로켓 배송, 정기 배송, 오픈 마켓 진입 등 아무도 가보지 않은 길을 가며 끊임없이 진화하고 있다. 쿠팡은 고객들에게도 친절과 신뢰라는 명성을 쌓아가며 빠르게 성장하고 있다. 쿠팡의 이러한 시도는 지금껏 그 누구도 시도해 보지 않았던 변화의 시작이다. 이렇게 어려운 과정을 도전하고 극복하면서 대한민국에서 새로운 혁신 기업의 모델이 되었다.

쿠팡의 조직 구조는 자율적이고 수평적인 조직을 지향한다. 쿠팡을 쿠팡답게 하는 것은 실패를 두려워하지 않으며 실패로부터 경험을 배운다는 철학이다. 무슨 일이든 어느 정도 실패의 경험을 하고 빠져 나올 줄 알아야 문제도 발견하고 개선도 할 수 있다. 쿠팡은 작은 실패를 용인하고 새로운 시도를 적극적으로 권장한다. 당장 눈앞의 매출에 타격을 입을까 봐 걱정이 되어 다양한 시도를 하지 않는다면 지속적인 성장을 위한 변화의 시점을 결코 찾아낼 수 없다. 심지어 실패가 두려워서 완벽한 대안이 나올 때까지 모든 실행을 미루어 둔다면 오히려 조직 전체가 혼란을 겪으며 개선점들은 영원히 숙제로 남게 된다. 경영자는 구성원이 주저 없이 실패와 개선을 반복하는 과정을 통해 조직 내에서 성장할 수 있는 기회를 제공해야 한다. 그럴 때 고객에게 제공하는 제품과 서비스의 가치도 올릴 수 있다.

문제는 많은 사람이 실패를 기피하기 때문에 자신의 실패를 분석하고 실패에서 배우기보다 재빨리 덮어 버리기를 원한다. 더욱이 우리 사회 문화는 실패를 수용하고 용인하기에 인색하다. 우리는 누구나 실패를 감추고 싶어하는 본능이 있다. 특히 기업의 경우 실패에 대한 태도는 매우 냉철하다. "이제 더 이상 실패하면 안 된다. 이번이 마지막 기회이다. 절대 무너지면 안 된다."라며 실패에 대해 철통 방어한다. 실패는 다양한 형태로 기업 경영의 생존을 위협하는 존재이다.

그러나 경영자는 실패를 바라보는 시각의 전환이 필요하다. 실패를 두려워하지 말고 실패의 경험을 기업의 소중한 자산으로 받아들여야 한다. 새로운 도전에는 언제나 실패가 수반될 수 있다. 실패란 어디에서나 끊임없이 발생하고 있다. 경영자는 실패의 두려움을 극복해야 한다.

자연 법칙에 관성의 법칙이 있다면 조직에도 관성의 법칙이 있다. 산책로에 지름길이 있어도 사람들이 많이 다니기 시작하여 하나의 길이 새로 만들어지면 모두들 무의식적으로 이 길을 고수한다. 어떤 일을 할 때도 마찬가지다. 한번 길든 방식은 잘 바뀌지 않는다. 새로운 변화가 불편하기도 하며 변화에 대한 막연한 불안감 때문에 전진하기 힘들다.

공부 잘하는 아이는 책상 앞에 오래 앉아 있기보다 짧은 시간이라도 집중하는 습관을 가지고 있다. 부자들의 공통적인 습관은 적은 액수도 매월 저축하며 꼭 필요한 곳이 아니면 지출을 하지 않는다는 점이다. 성공하는 사람은 성공하는 습관을 가지고 있다. 반면에 실패하는 사람은 실패의 습관을 가지고 있다. 우리가 습관을 만들지만 만들어진 습관이 결국 우리를 지배한다.

살면서 과연 단 한 번도 실패를 경험해 보지 않은 사람이 있을까? 실패는 누구나 거치게 되는 과정이고 피하기 힘들지만, 실패를 딛고 일어서지 않으면 성공을 이룰 수 없다. '실패는 성공의 어머니'라는 말이 있다. 실패는 진정한 성공을 이끄는 삶의 재료가 된다. 성공이란 무엇을 이루었느냐보다는 얼마나 그것을 통하여 경험을 쌓았느냐에 달려 있다. 실패를 헤쳐나갈 방법을 모색하고 위기를 기회로 바꾸는 것이 중요하다. 실패를 피할 수 없다면 경영자는 조직과 함께 철저히 실패의 원인을 분석해야 한다. 이에 ISO 9001^{품질경영시스템}에서는 "성공하기를 희망하는 조직은 조직의 지식을 관리하고 리스크와 기회를 고려해야 한다."라고 요구하고 있다. 실패에서 배우지 못하는 사람은 앞으로도 반복적으로 실패를 경험하게 된다. 그래서 실패 경험을 통해 반복적인 함정에 빠지지 않기 위해 전사적으로 소통해야 한다. 조직은 실패를 딛고 일어선 노하우를 통하여 위기 관리 프로세스를 수립해야 한다. 성공은 결코 그냥 얻어지지 않는다. 경영자는 실패에서 새로운 성공의 기회를 발견해야 한다.

실패에서 얻는 가장 큰 가치는 리더가 무엇을 해야 할지, 어디로 향해야 할지를 알려주는 방향키가 된다는 점이다. 지금 경험하지 못하면 더 늦은 때에 더 큰 실패가 기다리고 있을 것이다. 성장 곡선을 달리는 대기업 역시 실패를 경험하지 않고 성공 궤도에 이른 경우는 없다. 지금까지 성공했다 하더라도 계속해서 성공할 거라는 확신을 할 수 없다. 경영자는 실패를 통해 경험을 쌓고 그 경험을 바탕으로 더욱더 완벽하게 일을 해나갈 수 있다. 수없이 찾아오는 실패의 경험에서 얻어지는 귀한 성공의 결실들이 기업의 가장 큰 자산이 된다. 특히 신생 기업들에 좋은 체험 사례가 될 수 있고, 또 많은 기업의 창업에 성공 노하우가 되어 줄 수 있다.

실패하는 경영자가 어리석은 것이 아니다. 실패가 두려워 아무것도 하지 않아 서서히 기업이 침몰하는 것을 방치하는 경영자가 어리석은 것이다. 가장 무서운 적은 포기하는 나약한 신념이다. 올바른 뜻을 갖고 그에 어긋나지 않게 신중을 기하여 모든 노력을 기울이는 사람에게는 예기치 못한 수많은 시련은 있어도 실패는 결코 없다. 실패를 두려워하면 성공에 대한 모험을 할 수 없다. 좌절과 실패는 인생에 걸쳐 누구나 수없이 겪는 일이다. 역경을 받아들이고 노력하는 순간 비로소 견디어 낼 수 있는 힘이 생겨난다. 성공의 순간보다 실패의 순간을 더 많이 기억하라.

자신이 겪은 고생과 실패, 그리고 가슴에 품은 열정은 아무도 따라 할 수 없다. 이것이 당신이 성공할 수 있는 가장 큰 경쟁력이다. 경영의 가장 큰 자산은 기업에 어떤 성과를 창출했느냐가 아니라 얼마나 많은 실패를 경험해 봤느냐에 있다. 실패와 좌절은 당신을 더 단단하게 만들어주는 멋진 시험 무대이다. 실패를 받아들이고 그 과정에서 성공을 모색할 때 기업의 성공을 이끌 수 있다. 한번 넘어진 자리에서 또다시 넘어지지 말아야 한다. 포기가 가장 큰 실패이다. 실패 없이는 성공도 없다. 시도하고 실패하고 배우는 것을 절대 두려워하지 말라. 실패해 본 자만이 집중할 수 있다.

사업은 열정과 노력만으로
이루어지지 않는다

 쓸데없는 일을 열심히 하거나 또는 뭔가 바쁘게 보이기는 하나 엉뚱한 곳으로 흘러가면 일이 잘못되거나 오히려 제대로 되는 일이 없게 된다. 이런 경우를 '말짱 도루묵'이라고 말한다. 노력 대비 성과가 없을 때 하는 말이다. 기업 내 구성원은 날마다 효율성을 외치지만 불필요한 일들이 반복되는 경우가 많다. 전사적으로 바쁜데 왜 이렇게 성과는 잘 나오지 않는 것일까? 조직을 이끄는 경영자라면 한 번쯤 경험했을 법한 고민이다.

 K 기업의 L 대표는 사내 조직원들의 태도에 대한 불만이 많다. 직원들이 뭔가 분주해 보이긴 하나 성과가 나지 않는다. L 대표는 과연 직원들이 자신의 업무를 위해 열심히 일하고 있는지 의심이 가기 시작한다. 특히 특별 채용된 전문성 있는 젊은 직원들은 뛰어난 능력에 대해 충분한 보상을 해주고 있는데 제대로 능력을 발휘하지 않는 것 같아 아쉽다. 심지어 경력 있는 부서장들조차 자신들의 능력을 더 이상 개

발하지 않고 현재상태에 머물러 있는 것을 볼 때마다 답답하다.

이처럼 기업을 방문하다 보면 뚜렷한 대안을 찾아보지도 않고 그저 열심히 일하면서 고민만 하다가 결국 경영난으로 추락하는 경영자들을 만나게 된다. 그들은 열심히 일하지만 사업은 항상 어렵다. 마치 공부해도 성적이 안 나오는 수험생처럼, 열심히 일하는데도 사업은 점점 기울어만 간다. 그러다 보니 사업을 접고 다른 일을 알아볼까 고민하며 초조함과 불안감에 휩싸여 고통받고 있다.

조직 내 모든 직원이 열심히 일하고 있지만 성과가 나지 않는다면 명확한 목표 없이 눈앞에 보이는 일만 열심히 하는 것은 아닌지 점검해 봐야 한다. 정작 기업을 한 방향으로 이끌어 갈 경영 방침이 확립되지 않고 불필요한 곳에 열정과 에너지를 소모하는 조직이 있다. 조직이 명확한 목표를 공유하지 못한 상태에서 열심히 일하는 것으로는 성과를 낼 수 없다. 오히려 열심히 일해서 힘이 드는데 성과는 하나도 없다 보니 더 지치기만 한다.

경영자는 직원과 함께 나누어야 할 우선순위 업무가 있다. 업무를 수행하기 전에 기업의 비전과 목표가 조직에 먼저 공유되어야 한다. 항해를 하려는데 방향이 먼저 제시되지 않는다면 목적지 없이 표류하는 배가 되어 버린다. 경영이란 하나의 비전과 목적을 통해 조직이 공동의 목표를 알고 일하게 하는 것이다. 경영자는 우리 기업이 나아가고자 하는 꿈과 목표가 무엇인지 기업의 존재 이유를 사훈 또는 경영 방침으로 나타내야 한다. 기업의 경영 방침이 경영의 출발점이 된다. 이것은 조직이 일하는 경영의 원칙과 핵심 가치가 된다. 기업을 방문하다 보면 별 고민 없이 경영 방침이 작성되어 한쪽 벽에 걸려 있는 경우가 다반

사다. 그러나 경영자는 기업이 추구하는 가치가 무엇인지를 조직원들과 공유하고 생각을 하나로 모아야 한다. 경영 방침은 조직이 성장하고 발전하는 데 없어서는 안 될 중요한 방향키이다. 우리 기업의 존재 이유를 명확히 알지 못하면서 조직이 성장하고 기업이 발전하기를 기대할 수는 없다.

연간 국내 기업 ISO 경영 시스템 인증 심사를 진행하다 보면 품질 경영을 하는 다수의 기업이 품질 방침 및 품질 목표에 대한 중요성을 인식하고 있다. 그러나 정작 계획 수립을 실행에 옮기는 기업은 겨우 절반에 그치는 상황이다.

품질 경영이란 품질의 방침과 목표, 그리고 책임을 결정하고 이들을 계획하고 관리하며 개선을 통해 품질을 관리하는 모든 활동을 의미한다. 품질 경영 방침에서 '품질'이란 용어를 잘못 이해하고 있는 사람들이 많다. 우리나라에서 '품질'이란 용어를 생각하면 대부분 유형적인 제품을 대상으로 한 평가만을 떠올린다. 그래서 ISO 9001[품질경영시스템]은 품질 관련 부서에서 주관하고 담당해야 한다고 생각한다. 경영자 또한 이를 품질 관련 담당자의 업무라고 인식하고 있다. 그러나 경영에서 말하는 의미의 품질은 조직 전체의 업무 품질을 포함하고 있다는 사실을 이해해야 한다.

품질 경영은 절대로 한 부서에서 전담하거나 경영자의 관심이 없으면 성공할 수 없다는 사실을 알아야 한다. 품질 경영은 품질 관리 부서만의 업무가 아닌 생산, 마케팅, 영업 등을 포함하여 품질에 대해 전사적으로 운영해야 한다. 국제 표준인 ISO 9001을 경영자나 품질 관련 부서 이외의 부서에서 이해하지 못하고 품질 부서나 담당자 주도로 인증서만을 유지하고 있는 기업들이 많은 것은 매우 안타까운 현실이다. 같은 비용과 시간 투자로 성공적인 경영 시스템을 배워가고 있는 성장 기업도 있다는 것을 알게 된다면 당신도 긴장을 늦추어서는 안 된다.

품질 경영은 전 조직이 기업의 경영 이념으로 무장하여 조직 전체가 하나의 시스템으로 움직임으로써 고객 만족을 극대화하는 경영 시스템이다. 기업은 품질 경영을 통해 제품과 서비스의 질적인 부분을 개선해야 한다. 기업은 고객의 관점에서 고객 가치를 창출해야 한다. 고객 가치는 기업 입장에서 조직과 고객을 연결해주는 핵심 동력이다. 기업이 고객 가치를 만들어내지 못하는 순간 고객과의 관계는 끊어지며, 그 순간 시장 밖으로 사라질 수 있다.

고객은 기업의 가치를 보고 선택한다. 경영자는 고객이 가치 있다고 생각하는 것, 즉 고객 관점에서 바라보며 조직 전체가 같은 방향으로 나아가도록 만들어야 한다. 품질 경영의 핵심은 기업 중심으로 정의된 품질이 아닌 고객, 또는 이해관계자의 관점에서 만족되어야 하며, 가치 있는 제품과 서비스를 창출해야 한다. 품질 방침 및 품질 목표란 기업이 사업 계획을 하면서 미래 변화를 예측하고 그에 대응하는 전략을 수립하는 것이다.

그러나 경영자는 품질 경영의 필요성은 느끼지만 당장 급한 업무를 처리하기가 바빠서 돌아볼 시간이 없다고 말한다. 중요성에 대해서는 공감하면서도 실행하기가 어렵다는 것이다. 더 심각한 것은 품질 방침과 목표를 수립한 후 조직원과 제대로 의사소통이 되고 있지 않다는 사실이다.

경영자의 열정만으로는 기업 운영이 한 달, 아니 일주일도 유지되기 어렵다. 열정은 처음 마음과 다르게 쉽게 식어 버리고 시간이 지나면 그 설렘은 찾아보기 어려워진다. 열정과 노력만으로는 기업의 품질 목표를 성취하기가 어렵다. 조직 모두 함께하고자 하는 한마음이 있어야 한다.

경영자에 의해 수립된 경영 방침은 기업의 끊임없는 변화에 엔진 역할을 한다. 이러한 조직의 가치관과 기업의 문화는 리더가 먼저 솔선수범해야 조직에 뿌리내릴 수 있다. 조직의 미션과 비전, 그리고 핵심 가치가 조직의 차별화된 존재 이유이며, 이것이 조직에서 일하는 의미를 만들어준다. 기업은 조직원이 품질 방침과 품질 목표를 자주 접하고 생각할 수 있도록 지속적으로 교육하고 훈련시켜야 한다. 경영 방침을 자주 접하다 보면 조직원에게 믿음이 생기고, 믿음은 신념이 되며, 신념을 실천하는 품질 경영에 참여하게 된다. 기업에 경영 방침이 없으면 수많은 노력에도 불구하고 성과로 이어지기 힘들다. 경영 방침은 있으나 조직 문화와 연결되지 않으면 이 또한 성과로 이어지기 어렵다. 반드시 경영 방침에 기반을 둔 조직 문화 구축이 필요하다. 기업의 근본적인 가치관을 진심으로 받아들이고 실천하려고 노력하지 않으면 결코 성장할 수 없다.

조직 내 품질 경영에 관심 있는 몇 사람의 의지만으로는 불가능하다. 조직의 모든 구성원이 품질 방침에 공감하지 못하면 품질 경영은 결코 실현될 수 없다.

인생은 속도보다 방향성을 잘 잡아야 한다. 방향성을 잃은 채 속도만 내면 지난 세월을 되돌아보며 후회하는 인생이 되고 만다. 마찬가지로 경영에도 방향성이 중요하다. 조직은 여러 가지 악기들을 조화롭게 연주하는 오케스트라의 하모니와 같다. 어느 한쪽으로도 치우쳐서는 안 된다. 경영은 열정 하나만으로 실행할 수 있는 과업이 아니다. 경영자는 미션과 비전, 그리고 사명감이 필요하다. 성공하고 싶다면 내가 무엇을 갖고 있고 무엇을 원하는지 명확히 해두어야 한다. 경영자는 흔들리지 않는 자리에서 굳건히 버티는 정신력이 있어야 한다.

그러나 경영을 하다 보면 이런 것들이 쉽게 보이지 않는다. 그러다 보니 할 일 없이 바쁜 조직은 점진적으로 죽음의 길에 들어서게 된다. 존재 목적이 없는 기업은 세상에 아무런 가치를 주지 못하며 성장도 기대할 수 없다. 어느 때보다 험난한 경영 환경 속에서 살아남기 위해서 경영자는 반드시 비전이 있고 경영 철학이 있어야 한다. 이러한 비전과 경영 철학은 주로 경영자의 생각에서 비롯된다. 경영자는 열정과 노력보다 경영 가치관을 가지고 일해야 한다.

유행을 좇기보다
목적을 좇아라

  우리는 흔히 최신 트렌드에 둔감하거나 유행에 뒤처진 사람을 보고 '옛날 사람 같다.'라고 표현한다. 특히 한국인들은 금방 끓고 금방 식는 냄비 기질을 가지고 있어서 무언가 유행이 시작되면 이내 뒤처지지 않기 위해 노력한다. 인기 있는 맛집이나 유행하는 의상과 선호하는 스타일, 노래, 신조어 등 여러 가지 분야에서 유행이 나타나면 항상 민감하게 반응하는 경우가 있다. 그러나 유행이란 확산 속도가 빠른 만큼 기억 속에서도 빠르게 사라진다. 유행이라는 것은 일정 기간이 지나면 연속성이 없어진다. 맹목적으로 유행만 추구하다 보면 모두가 획일화되어 정작 본인만의 개성을 찾아보기 어렵다.

  기업에서도 이런 유행과 비슷한 상황을 찾아볼 수 있다.

  A 그룹은 내부 상황의 악화로 인해 대표이사를 교체하였다. A 그룹은 관행적으로 기업 매출 순이익이 감소할 때마다 새로운 대표이사를 영입했다. 대표이사가 교체될 때마다 경영 철학, 회사의 비전, 전략들

이 새롭게 발표되었다. 심지어 다양한 T/F팀$^{Task\ Force\ Team}$을 구성하기도 했다. 일반적으로 경영자가 바뀌면 자신의 업적을 남겨야 한다는 책임 감 때문에 전임자의 경영 정책을 변경한다. 기업의 개혁과 새로운 비즈니스 개발을 위해 외부에서 인재를 영입하는 것은 매우 중요한 일이다. 그러나 경영자가 바뀔 때마다 기업의 경영 이념이 바뀐다는 의미는 실제 기업이 추구하는 경영 철학이 명확하지 않다는 의미이다. 그러다 보니 정작 조직은 넘치는 비전과 전략 속에서 혼란을 겪고 기업은 경영의 본질을 잃어버리기도 한다. 심지어 경영자는 경쟁 기업이 좀 잘 나가는 것 같으면 마음이 조급해져서 서둘러 비슷하게 벤치마킹한다. 타 기업을 벤치마킹함으로써 다양한 성공 사례를 익히고 학습을 통하여 실패의 기회를 줄일 기회가 되기 때문이다. 그러나 성공 기업만을 벤치마킹하여 우리 기업의 존재 목적이 매번 바뀌어서는 안 된다. 지속적인 성과를 내지 못하는 기업들의 가장 흔한 사례이다.

이런 경우 조직원들이 자기 업무의 정체성을 잃고 오히려 처세술에 민감해진다. 자신의 약점을 감추고 강점을 내세우며 비도덕적인 인맥을 관리하고 사내 정치에 몰입하여 기업의 경쟁력을 무너뜨리게 된다. 경영자는 다른 기업의 성공한 사례를 모방하는 벤치마킹보다 기업 내부적으로 학습하며 기업의 존재 이유와 목적을 명확히 하는 것이 중요하다.

TV 방송 '서민갑부'에 출현한 S 대표의 이야기이다. 헤어숍을 운영하는 S 대표는 잘 나가는 사업가가 되고 싶은 욕망에 대출을 받아 두 곳의 분점을 더 오픈했다. 그러나 S 대표가 자리를 비우는 날이 많아지면서 그에게 시술을 받고 싶어서 찾아왔던 고객들도 줄어갔다. 결국 분점들은 문을 닫았으며 가게 월세조차도 내지 못하는 상황이 되었다. 그는 자신의 모든 생각과 태도를 바꾸지 않는다면 인생이 이대로 끝날 수도 있겠다는 위기 의식을 느꼈다.

어느 날 S 대표는 탈모로 심한 스트레스를 받는 손님을 만나게 되었고, 자신도 탈모로 고통스러운 날을 보냈던 기억을 떠올리게 되었다. S 대표는 탈모 고민을 해결할 수 있는 퍼머를 개발하여 탈모 커버 전문 헤어숍으로 거듭나게 되었다. S 대표가 운영하는 숍은 100% 예약제에 남성 손님만을 받는 곳이었다. 그리고 헤어스타일에 고민이 많은 이들이 찾기 때문에 편안함을 주고 부담을 덜 느끼도록 커튼을 친 비밀 공간에서 시술을 시행했다. 이러한 이유로 퍼머 가격이 고가임에도 불구하고 손님들은 예약을 하며 지속적으로 찾아왔다.

실패를 통해 성공을 이끌어 내는 경험은 기업에 매우 소중한 자산이 된다. S 대표는 연간 8억의 매출을 올리고 있고, 직원들에게도 일반 헤어숍의 3배 이상을 월급으로 보상하며 그들에게 자신의 헤어 기술을 전수해 주고 있다. 유행을 좇기보다 기업의 존재 목적을 명확히 하다 보니 고객들이 더 신뢰하고 찾는 헤어숍이 되었다. 기업의 존재 목적에 대한 사명 의식을 느끼며 경영하는 조직은 생산성이 더 높을 수밖에 없다. 경영자가 조직원에게 권한과 책임감을 위임하면 직원들은 자신의 직무에 대해 남다른 집중을 보이게 된다.

성공하는 기업의 특징은 경영자와 조직원들이 기업의 존재 목적인 경영 철학에 대한 믿음을 공유하며 끊임없이 소통한다는 점이다. 끊임없는 혁신과 개선을 통해 경영 목적이 뚜렷한 기업에서 제공하는 제품이나 서비스의 가치는 고객의 마음에 빠르게 자리 잡힌다. 경영자는 내가 무슨 의도로 사업을 하는지에 대한 철학을 먼저 가지고 있어야 한다. 리더는 사업에 대한 경영 철학이 있어야 한다. 기업은 유행을 좇기보다 기업의 잃어버린 정체성을 회복하는 데에 더욱 집중해야 한다.

사업 목적이 정해지면 조직원들이 상호작용하여 성공적으로 혁신할 수 있는 시스템, 즉 일이 되는 구조를 만들어야 한다. 경영자는 기업 내부적으로 경영 시스템을 구축해야 한다. 경영 방침을 통해 기업의 존재 가치를 분명히 하고 기업이 가지고 있는 목표를 향해 조직원들을 한 방향으로 움직이게 해야 한다. 제품과 서비스가 생산되어 고객에게 전달되기까지 각각의 단계와 과정을 이해하고 고객에게 가치를 전달해야 한다. 경영자는 목적 경영에 참여하는 모든 조직원이 주인의식을 갖고 적극적으로 참여하며 책임 의식을 지니도록 이끌어야 한다.

조직은 기업의 목적과 사명을 함께 이끌어 갈 파트너들이다. 경영자는 조직원들의 마음속에 기업이 지향하는 목적과 비전이 명확하게 새겨지도록 해야 한다. 기업이 목적을 잃어버리는 순간 본질은 사라지고, 본질이 아닌 것을 본질인 것처럼 착각하는 일들이 벌어진다. 목적지가 분명하다면 시대의 유행에 쉽게 넘어가지 않는다. 경영자는 기업의 목적을 재정립하고 기업의 뿌리를 키워 나가는 작업을 계속해야 한다.

정확한 목적 없이 성공 여행을 떠나는 경영은 실패한다. 경영자는 우리 기업이 지금 어디를 향해 가고 있는지 점검해야 한다. 목적 없이 일을 진행하는 조직은 기회가 와도 인지하지 못한다. 무작정 유행을 따라가면 궁극적으로는 원하는 성과를 기대할 수 없다. 경영이란 내가 무엇을 하고 싶은지 목적 의식을 명확히 한 다음 끝까지 밀고 나가는 과정이다. 시대의 유행에서 벗어나 자신만의 길을 걸어 나가는 자세를 가져야 한다. 경영자는 비전을 통해 목적 의식을 가지고 분명한 성과를 지향하며 자신이 바라고 원하는 방향의 목적으로 가야 한다. 어떤 상황에서도 저버리지 않는 자신만의 원칙과 기준을 가지고 있을 때 고객으로부터 호감과 신뢰를 더 얻을 수 있다.

경영자가 전념할 목표를 정한 후에는 모든 에너지를 집중하되 쉽게 방향을 자주 바꾸어서는 안 된다. 우리가 한 가지에 집중하고 몰입할 때 세상도 우리를 중심으로 돈다. 목적으로 이끄는 삶이야말로 개인과 조직, 나아가 국가와 전 세계를 변화시키고 성숙시킬 수 있다. 기업에서 가장 중요한 것은 존재 이유, 즉 목적이다. 자기만의 개성과 특색이 있어야 한다. 더 이상 모래 위에 집을 짓지 마라. 타인의 성공 경험은 배울 수 있지만 그들의 성공을 가져올 수는 없다. 경영자는 유행이 아닌 목적을 좇아야 한다.

열심히 일하지 말고
제대로 일하라

우리는 누구나 인생의 매뉴얼을 가지고 있다. 태어나서 유치원을 졸업하면 초·중·고등학교 과정을 지나 대학을 진학하고 좋은 직장에 입사하기 위해 노력한다. 그리고 좋은 인연을 만나서 결혼하고 가정을 이루며 비소로 진정한 어른이 된다. 우리가 지금까지 살아가면서 가장 많이 듣는 말이 "노력하면 안 되는 게 없어, 그러니 열심히 노력해."라는 말이다. 그런데 문제는 열심히 노력한다고 해서 모든 사람이 성공을 이루는 것은 아니라는 점이다.

ISO 경영 시스템 인증 심사로 기업을 방문하게 되면 경영자와 미팅을 마친 후 부서별 조직원들과 함께 업무의 흐름을 점검하게 된다. 부서마다 나오는 공통적인 발언은 "업무 시간이 턱없이 부족하고 일은 꼬리에 꼬리를 물고 있어 잠시도 쉴 틈이 없다"는 하소연이다. 반면에 경영자의 입장은 "성과가 높은 다른 기업은 우리만큼 분주해 보이지 않는데, 우리 직원들은 이렇게 뛰어다니면서 열심히 일하고 있는데도 왜 성과가 잘 나오지 않는지 모르겠다."는 것이다.

열심히 일해도 성과가 오르지 않는 이유는 과연 무엇일까? 경영자는 내부 조직이 한없이 바빠 보이지만 그 속에 숨어 있는 낭비 요소는 없는지 찾아내야 한다. 부서별 활동이 많다고 하여 꼭 생산성 향상으로 직결되는 것은 아니다. 매일 반복되고 있는 단순한 일에 중요한 업무 시간을 빼앗기고 있지 않은지 점검해야 한다. 경영자는 조직의 바쁜 움직임만을 보고 기업의 성과로 판단해서는 안 된다. 리더는 조직 업무의 전체 흐름을 볼 수 있는 시야를 갖추어야 한다. 경영자는 한정된 범위에 박힌 고정 관념, 그리고 반복되는 행위들만 보고 판단해서는 기업의 핵심 문제가 무엇인지 분별하지 못한다. 리더는 조직 업무의 전체 흐름을 볼 수 있는 시야를 갖추어야 한다. 전체를 볼 수 있는 눈을 갖춘다는 것은 바로 기업의 경영 구조, 즉 일의 전체 흐름을 볼 줄 안다는 것이다. 경영 구조를 알아야 불필요한 업무와 시간에 휘둘리지 않고 조직이 원하는 목표를 이룰 수 있다. 경영자가 사고와 판단의 구조 범위를 어떤 크기로 잡아가느냐에 따라 기업이 성장하기도 하고 정체하기도 하며 퇴보하기도 한다.

우리 인생에 시스템이 아닌 것이 없다. 우리는 누구나 매일 습관처럼 반복하는 일들이 있다. 밥을 먹고 잠자는 일상도 시스템이다. 우리가 세우는 일이나 목표를 만드는 것도 시스템이라고 할 수 있다. 우리의 삶이 각기 다른 일의 연속인 것 같아도 그 안에는 규칙이 있다. 우리가 삶에서 어떤 시스템을 돌리느냐에 따라 그것은 선순환을 이루기도 하고 악순환을 이루기도 한다. 경영자는 우리 조직이 나아가야 할 방향과 목표를 먼저 파악해야 한다. 그렇지 않고는 핵심 문제가 무엇인지 분별하지 못해 항상 바쁘나 성과는 없다.

"우리 회사에는 시스템이 없어."라는 말은 체계적인 업무 방식이 없이 주먹구구식으로 일하고 있다는 의미이다. 시스템이란 상호 관련되거나 상호작용하는 요소들의 집합을 의미한다.〈용어의 정의, 시스템, ISO 9000〉

시스템은 다양한 프로세스의 활동으로 구성된다. 프로세스는 일이 되는 경로나 과정으로, 한 제품이 완성되기까지 거쳐야 하는 작업 단계이다. 일하는 방법 또는 순서라고 말할 수 있다. 우리가 아는 사실을 행동으로 체계적이고 지속적으로 만들어 가는 것이 바로 프로세스 접근법이다. 하나의 프로세스로부터 도출되는 출력은 다른 프로세스에 입력될 수 있으며 전체 네트워크로 상호 연결되어 있다. 예를 들어 컵라면으로 본다면 조리 방법이라고 할 수 있다. 컵라면에 스프를 넣고 물을 넣어야 먹을 수 있는 식사가 된다. 경영에서도 프로세스의 과정을 통해 업무의 활동 순서에 신경을 써야 한다. 입력 사항에 문제가 생기면 기대하지 않은 출력물이 나올 수 있기 때문이다.

프로세스는 기업의 기본적인 활동이다. 이 프로세스의 구성 요소 간 상호작용이 이루어지면 시스템이 된다. 즉 체계적으로 일하는 방법이다. 하나의 방침과 목표를 정하고 그 목표를 달성하기 위한 프로세스를 수립하는 데에 상호 관련되거나 상호작용하는 조직 요소의 집합을 경영 시스템Management System이라고 한다.〈용어의 정의, 경영시스템, ISO 9000〉

기업은 일이 될 수 있는 경영 시스템을 구성해야 원하는 것을 얻을 수 있다. 조직의 상황을 파악하고, 품질 방침을 통하여 기업의 존재 이유와 사명이 조직원들과 함께 의사소통되어야 한다. 그리고 리스크와 기회를 고려한 기획을 하며, 기업을 운영하고 평가하며 지속적인 개선 조치를 해야 한다. 이것이 바로 ISO 9001^{품질경영시스템}이다.

ISO 9001은 품질에 관한 경영 시스템이다. ISO 9001은 조직이 의도한 결과를 달성하는 데 있어서 업무의 효과성과 효율성을 파악하고, 프로세스 간 상호 관련성을 점검할 수 있어 조직의 전반적인 성과를 이끌어 낼 수 있다. ISO 9001을 통하여 최고 경영자는 의사 결정의 장단기 결과를 고려하여 자원의 활용을 최적화할 수 있다. ISO 9001은 제품 및 서비스 제공에 대하여 의도된, 그리고 의도되지 않은 결과를 다루기 위한 조치를 파악할 수 있는 수단을 제공한다. ISO 9001은 품질 경영 활동의 성과를 기획, 실행, 모니터링 및 개선하기 위한 틀을 제공한다. 모든 것에는 기초가 중요하다는 것을 모르는 사람은 없다. 그러나 여전히 기업에서 경영 시스템을 이해할 때 이를 간과하는 사례를 쉽게 만나볼 수 있다.

인증 심사로 만난 중소기업의 K 대표는 누구나 가지고 있는 ISO 9001 인증 규격 말고 타 기업보다 경쟁 우위에 있을 수 있는 희소성 있는 인증 표준이 있는지를 물어 보았다. ISO 9001 인증 규격을 많은 기업이 유지하고 있다는 의미는 그만큼 품질 경영을 지속적으로 관리하는 것이 매우 중요하다는 뜻이다. 그런데 K 대표는 내용을 이해하지 못하고 인증서만 보유하는 것에 의미를 부여하고 있어 마음이 안타까웠다.

ISO 9001을 다년간 교육하고 심사하고 있지만 현장에서 아직도 가장 어렵다고 느껴지는 것이 ISO 9001이다. 그 외의 ISO 14001, ISO 45001, ISO 37001, ISO 27001, ISO 22716, ISO 22000, ISO 13485, ISO 10002 등과 같은 경영 표준들은 오히려 목적이 명확하고

범위도 제한적이어서 ISO 9001이 잘 구축·유지되는 조직이라면 다른 경영 표준에도 쉽고 빠른 접근이 가능하다. 경영의 기초를 무시하고 타 기업과 비교 우위에 서는 것처럼 보일 수 있는 각 분야의 인증 표준들을 가지고 있는 기업은 다시 한번 우리 기업에 지금 무엇이 우선인지를 생각해 봐야 한다.

여러 인증 규격만 갖추고 있다고 해서 무조건 원하는 것을 얻을 수 있는 것은 아니다. 기업은 인증서만 보유하고 있느냐 아니면 시스템을 적용하고 있느냐에 따라 몇 년 후 그 결과에서 확연히 차이가 난다. 경영 시스템을 만드는 작업은 하루아침에 이루어지지 않는다. 기업은 반드시 지속적인 개선을 통하여 경영 시스템이 완성된다. 아무리 많은 것을 알고 있어도 프로세스의 연결로 실질적인 출력값이 나오지 않으면 아무런 일도 일어나지 않는다.

ISO 9001을 운영하기 위해서는 ISO 9001의 구성 요소를 인식해야 하고 전 조직과 의사소통되어야 한다. 경영자는 업무의 우선순위를 정하기 위해 항상 앞을 내다보며 중요한 것이 무엇인지 파악해야 한다. 품질 경영을 실행하는 데 필요한 품질 방침과 품질 목표를 정하고 이를 달성하기 위한 인적·물적 자원을 확보해야 한다. 그런 후 계층별·기능별 조직을 구분하고 업무별 프로세스를 정하여 경영 시스템을 구축해야 한다. 각 프로세스를 실행하며 관련 근거를 기록하고 그 실행 결과를 분석·검토하여 평가해야 한다. 즉 품질 경영의 결과를 정보화하고 평가하는 체계를 갖추고 품질 목표 달성을 위한 지속적인 피드백을 통해 개선 활동이 지속되도록 유지해야 한다. 우리 기업이 성장할 수 있는 경영 구조를 만들고 부서별로 상호작용하여 목표를 이루어 내는 것이 바로 품질 경영이다.

ISO 9001 사고를 통해서 일의 구조를 파악하고 일이 되는 시스템을 만들면 신규 사업자도 원하는 것을 이룰 수 있게 된다. ISO 9001 안에서 몰입을 통한 성과를 내고, 그 성과를 바탕으로 긍정적인 피드백을 만들어 내야 한다. 그러면 이 긍정적인 피드백은 더 높은 목표를 지향하게 되고 반복되는 순환 속에서 자연스럽게 성장이 이루어지게 된다. 이 시대에는 유연성 있는 사고방식이 필수이다. 환경에 휘둘리기보다 전체의 구조를 파악하고 그 상황에 맞는 행동과 결과에 대한 피드백을 도출해 나간다면 우리 기업이 원하는 성과를 반드시 이루어 낼 수 있다.

큰 조직이든 작은 조직이든 경영의 가장 중요하고 핵심적인 출발점은 바로 '우리 기업이 어떤 가치를 창출할 것인지'에 대한 명확한 목적을 세우는 것이다. 조직원들이 바쁘다는 사실이 곧 성과를 의미하지 않는다. 기업에 어떤 문제가 일어나고 있다면 어쩔 수 없다고 무기력하게 포기하거나 남 탓으로 돌리지 마라. 시스템적인 사고를 통해 지속적인 피드백을 이끌며 위기를 멋지게 극복하면 된다. '열심히' 일하지 말고, '일이 되는 시스템'을 만들고 학습하면 원하는 성과를 달성할 수 있다.

SECRET
2

잘 팔고 싶다면
시스템부터 점검하라

고객의 불만이
기업의 소중한 자원이다

우리는 너무도 빠른 네트워크 세상에 살고 있다. 인터넷에 들어가 보면 종종 음식점이나 신상품에 대한 리뷰들이 올라온다. 고객들은 체험한 사용 후기를 직접 카메라로 촬영하여 사진까지 올린다. 후기에는 제품과 서비스에 대한 칭찬도 있지만 불평이나 격렬한 항의가 담긴 내용도 흔하게 볼 수 있다. 불친절한 서비스로 인해 상한 감정을 표현하거나 원하는 요리가 제대로 나오지 않았다는 불만 댓글들을 올리기도 한다. 심지어 제품의 불편한 점을 구체적으로 지적하거나 교환이나 환불을 요청했더니 불가능하다는 답변을 받았다는 글도 있다. 기업은 고객의 행동을 분석하면서 또 다른 잠재 고객의 행동에 영향을 주는 그들의 의사소통을 주목해야 한다.

E 씨는 노트북 액정에 노출되는 색상에 문제가 생겨 K 전자 서비스센터에 AS 신청을 하였다. AS 상담 결과 사용자 파손이어서 AS 비용으로 60만 원의 견적이 나왔다. E 씨가 답답한 마음에 고객 상담실로

전화하여 문의하였더니 고객 과실로 인한 파손이기에 더 이상 다른 답변을 드릴 수 없다는 말만 반복하였다. E 씨는 파손한 적이 없어서 다시 한번 해결해주기를 원하는 마음에 상담 요청을 하였으나 상담 직원은 방문한 직원의 입장만 들을 뿐, 직원은 고객의 소리를 들으려고도 하지 않았다. E 씨가 고객 상담실로 직접 찾아가겠다고 하니 전화 상담만 가능하며 위치를 알려줄 수 없다는 답변만 돌아왔다. K 전자 서비스 센터의 고객 만족도가 높고 서비스 응대가 충실한 것으로 알고 있었던 E 씨는 불쾌하고 어이가 없었다. 결국 화가 난 E 씨는 소비자 고발 센터에 불만을 접수하게 되었다. 이 사건이 공개된 이후 K 전자 서비스 센터의 신뢰는 한순간에 무너지게 되었다.

고객 상담실은 고객들의 소리를 듣는 곳이다. 조직은 역지사지易地思之의 마음으로 고객의 입장에서 생각해 보아야 한다. 특히 기업은 영업이나 서비스 부서의 조직원들 관리가 제대로 이루어지지 않으면 고객 불만이 많아질 수 있다. 그래서 기본 소양이 부족한 조직원들에게 고객 응대 교육을 해주는 것은 매우 중요하다. 고객의 니즈를 반영하고 고객을 만족시키는 것은 기업과 고객의 지속적인 관계를 이어주는 연결 고리이다. 하지만 고객의 불만을 소홀히 하다 보면 이 관계가 끊어지게 되고 기업은 고객의 관심에서 영원히 사라지게 된다.

수많은 기업이 핵심 전략을 놓치고 시장에서 퇴장한다. 기업이 성공하기 위해서는 고객들과 지속적인 관계 관리를 잘해야 한다. 과거나 지금이나 변화하지 않는 사실은 고객들과의 관계를 어떻게 하느냐에 따라 기업의 성패가 좌우된다는 점이다. 매년 수많은 기업이 연구 개발에 투자하며 혁신적인 활동을 하고 있음에도 불구하고 시장 속에서 사라진다. 인간의 수명보다도 짧은 것이 기업의 수명이다. 기업의 기대 수명은 고객의 니즈를 파악하고 고객 가치를 어떻게 창출하느냐에 달려 있다.

요즘 고객들은 단순히 제품과 서비스만을 구매하지 않는다. 유튜브, SNS, 커뮤니티, 메신저 등 다양한 소통 채널을 통해 본인의 경험을 활발히 공유하고 확산시킨다. 지금은 상품이 아니라 경험을 나누는 시대이다. 심지어 자신이 좋아하는 브랜드의 확산을 위해 자발적으로 홍보해 주는 고객들이 등장했다.

고객들로부터 신뢰를 얻었다 하더라도 시장에는 비슷한 수준 또는 더 나은 고객 가치를 제공하는 경쟁자들이 정신없이 쏟아져 나온다. 심지어 고객의 마음도 새로운 상품의 등장으로 더욱더 빠르게 변심한다. 이러한 고객의 니즈 변화를 미리 감지하고 준비해야 시장을 선도하며 경쟁에서 앞서 나갈 수 있다.

품질 경영의 가장 중요한 초점은 고객 요구 사항을 충족시키고 고객의 기대를 능가하기 위해 노력하는 것이다.〈품질경영원칙:고객중시, ISO 9000〉 고객 중심의 업무 프로세스를 갖춘다는 것은 우리가 하는 모든 일의 중심에 고객이 있고, 그 일의 판단 기준이 고객이 되도록 하는 것이다.

우리 기업의 경영 방침이 '고객 만족'이라면 고객이 누구인지도 명시되어야 한다. 인증 심사 중 보았던 P 식품 제조 기업을 예를 들면, 이 업체는 고객을 넓히고 매출을 높이기 위해 SNS 광고를 일년간 제작하고 홍보하는 데 1억이 넘는 비용을 투자해 왔으나 지금은 언제까지 계속 광고를 해야 할지 고민하고 있다. 이 기업의 고객이 누구인지를 물어보았을 때 대표는 최종 소비자라고 답변했다. 만약 이 기업의 브랜드를 누구나가 알고 있는 시점이라면 그럴 수도 있지만 중소기업의 제품은 알려져 있지 않은 경우가 대부분이다.

그렇다면 이 기업의 고객은 과연 누구일까? 이 기업의 매출 구조를 보면 이해가 좀 더 쉽다. 이 기업의 매출 포지션은 소비자가 아닌 대형 마트가 소비의 중심을 이루고 있었다. 그럼 이 기업은 일년 전 어떤 홍보를 해야 했을까? SNS 광고에 1억을 투자하는 것보다는 대형 마트나 더 많은 영업 대리점 등을 확보하기 위해 노력하고 홍보에 에너지를 집중해야 더 효율적이었을 것이다. 기업에서 고객 만족을 달성하고자 할 때 먼저 기업의 고객이 누구인지를 정확히 파악하는 것은 중요하다. 이것이 기본이 되어야 불필요한 곳에 드는 비용과 시간을 절약할 수 있다.

그렇다면 당신은 현재 우리 기업의 고객을 누구라고 생각하고 있으며 어떤 조치를 취하고 있는가? 많은 기업이 고객 만족에 대해 쉽게 생각하고 단순하게 접근한다. 고객 만족이 그렇게 쉬웠다면 왜 모든 기업이 고객 만족을 이루지 못했는지를 다시 생각해 보기를 바란다. 기업의 입장에서는 고객 만족이 중요하기에 ISO 9001^{품질경영시스템}에서도 잘 정의하고 있다. 그러나 이보다 더 구체적으로 고객 만족에 대한 수행 지침이 필요하다면 국제 표준으로 발표된 ISO 10002^{고객만족경영시스템}를 적용해 보길 바란다.

기업의 지속적인 성공은 고객과 그 밖의 이해관계자와의 신뢰가 형성되고 유지 될때 달성될 수 있다. 고객의 현재, 그리고 미래의 필요를 이해할 때 기업의 지속적인 성공을 기대할 수 있다. 기업의 모든 정책과 시스템은 고객의 불평을 기업의 소중한 자원으로 받아들일 수 있어야 한다. 그러나 아직도 많은 기업이 고객 중심의 업무보다는 내부 조직 중심의 업무 프로세스에 따라 일하고 있다. 그러다 보니 내부 조직의 니즈와 역량에 따라 무엇을 만들 것인가를 먼저 결정한다. 문제가 매우 심각해지면 그때야 문제의 원인을 파악하기 위해 고객들의 목소리에 귀를 기울이기 시작한다. 그러나 고객 중심으로 사고하는 조직에서는 고객의 니즈를 먼저 파악하고 그 니즈에 맞는 고객 가치 제안을 하기 위해 노력한다. 고객 중심이 아닌 내부 조직 중심으로 일하는 기업은 고객의 불편을 감지하지 못하고 일이 커진 후에 뒤늦게 찾아 나서 늑장 대응을 하게 된다. 그 순간 고객은 다른 매장으로 발걸음을 돌린다.

《불평하는 고객이 좋은 기업을 만든다》의 저자 자넬 발로와 클라우스 묄러는 "고객의 불평은 선물이다."라고 말한다. 기업의 미래는 불평하는 고객에 의해 좌우된다는 의미이다. 고객의 불평을 무시하거나 그들의 항의를 소홀히 대하면 고객은 쉽게 떨어져 나갈 것이며 그들은 다시 돌아오지 않는다. 심지어 기업의 악평은 만천하에 알려지고 기업은 수습하기 곤란한 상황이 벌어진다. 관심을 가지고 문제를 지적해주는 고객들의 의견이 기업에 소중한 자산이 된다. 고객의 불만은 오히려 조직이 저비용으로 신속하게 제품과 서비스를 향상시킬 수 있는 가치 있는 피드백이 된다.

기업은 고객의 불만을 감사해야 한다. 조직은 고객에게서 문제 해결을 위한 정보를 얻은 뒤 원인을 분석하고 신속하게 시정 조치해야 한다. 그런 다음 고객의 불만을 해결한 후 앞으로는 이런 일이 일어나지 않도록 재발 방지 프로그램을 수립해야 한다. 불평하는 고객을 어떻게 대하느냐에 따라 기업의 미래가 좌우된다.

아마존은 '고객이 원하는 제품을 고객이 원하는 가격으로 고객이 원하는 시점에 공급한다.'라는 실질적인 고객 가치 창출을 목표로 서비스를 제공하고 있다. 아마존이 지금의 위치까지 성장할 수 있던 비결은 '고객 집착'을 경영 원칙으로 삼았기 때문이다. 이 원칙에 따라 최고의 고객 경험을 제공하기 위해 프로세스 혁신을 지속적으로 추진하고 있다.

넷플릭스는 빅데이터를 활용하여 고객의 개인적인 취향과 선호 분야를 파악하고 이와 비슷한 취향과 선호를 가진 고객을 규정한다. 그런 후 이 고객들이 가장 많이 시청하고 추천한 영상을 개인별로 재추천해 주는 방식으로 최적화된 콘텐츠를 제공하고 있다. 빅데이터 분석을 통해 고객들이 선호하는 콘텐츠를 기획하고 이를 콘텐츠 제작 과정에 반영하고 있다. 고객 가치를 파악하고 적용하는 것은 경쟁 시장에서 살아남는 핵심 동력이 된다. 차별화된 가치를 만들기 위해서 기업은 제품과 서비스의 기술력 부분에만 머물지 말고 고객 관점에서 면밀히 살펴봐야 한다.

남들보다 비싸게 팔아도 고객 감동 서비스와 응대로 수익을 올리고 있는 기업들이 있다. 이런 경우를 보면 서비스 응대와 고객의 불평을 잘 듣고 처리하는 일이 얼마나 중요한지를 알 수 있다. 고객의 목소리에 귀를 기울이고 그들의 불만을 잘 처리해야 한다. 고객이 가치 있다고 생각하는 제품과 서비스만 살아남는다. 기업의 혁신은 고객의 관점에서 생각하는 것으로부터 시작된다.

모든 기업이 고객 중심의 경영을 한다고 말한다. 그러나 아는 것과 행하는 것의 차이는 너무나도 멀다. 실질적으로 고객의 변화된 니즈를 재빠르게 파악해서 고객 만족을 지속적으로 가져오는 기업은 많지 않다. 기존 고객을 지속적으로 감동시켜 주지 못하면 충성 고객을 육성하기 어렵다. 많은 기업이 자신의 제품과 서비스를 사용하고 있는 고객의 니즈 변화를 파악하는 데 매우 둔감하다. 영원히 지속할 것만 같던 충성 고객들의 소비 패턴도 계속 변하고 있다. 기업은 발 빠르게 고객의 니즈에 따라 새로운 고객 가치를 만들어 가야 한다. 고객의 불만을 스트레스로 생각하기보다는 우리 기업의 제품과 서비스의 문제점을 파악하고 바로잡을 수 있는 개선의 기회로 여기자. 평범한 기업을 위대한 기업으로 만들 수 있는 히든 카드는 바로 고객의 소리이다. 고객의 소리를 제대로 이해하고 반영한다면 지속 가능한 기업으로 우뚝 설 수 있다.

기업의 적자 원인은
외부가 아닌 내부에 있다

"회사 보고 들어와서 사람 보고 나간다."

직장인에게는 상사 또는 경영자는 곧 회사이다. 경영자의 말은 곧 회사의 법이다. 경영자가 가장 잘 안다고 믿고 모든 일의 결정과 지시를 내린다면 조직원들은 지시대로만 움직일 수밖에 없다. 기업에서 이런 업무 방식으로만 처리하다 보면 조직원들은 스스로 고민하고 의사 결정하지 못한다. 조직원들의 경험과 성장을 기대할 수 없을 뿐만 아니라 그들은 점점 기업에 대한 비전도 잃어버리게 된다. 기업은 일하는 곳이기도 하지만 사람이 사는 곳이기에 인간관계는 매우 중요하다. 조직원을 키우지 않는 리더는 사업도 성장하기 어렵다.

세 살 된 딸을 키우는 워킹맘 K 과장은 이른 아침 회사 출근길이 즐겁지 않다. K 과장은 일주일 내내 야근에 독박 육아로 하루도 편할 날이 없다. 그런데 주말에 회사 워크숍이라니 마음이 불편하지 않을 수 없다. 출장 가는 길이 서글프고 왜 이렇게 피곤한 건지 한숨이 밀려 나온다. 회식 외에도 주말 산행이나 체육대회와 같은 특별한 사내 행사가 있을 때마다 이 회사를 언제까지 다녀야 할지 고민이다. 회사에서 이런 행사는 대부분 경영자가 일방적으로 추진하다 보니 조직원들의 공감대를 불러일으키지 못하는 경우가 많다. 그 외에도 근무 시간도 모자라 억지로 회식까지 참석해야 하는 일은 조직원들의 말 못 할 비애이다. 술을 마시지 못하는 조직원들의 고충, 잦은 야근과 회식으로 외박하는 조직원들, 그리고 퇴근 시간 다 되어서 회의 소집을 하는 등 난처한 상황이 시시때때로 벌어진다.

우선 조직원들이 생존하는 방법은 일단 상사의 눈 밖에 나지 않는 것이다. 이런 경우를 보면 조직원들이 업무 외적인 것으로 정신 노동을 하고 있다는 사실을 알 수 있다. 업무의 본질보다 업무 외의 다른 것에 신경 쓰게 되면 조직원들은 본연의 업무에 집중하지 못하게 된다. 조직원들의 감정 고갈 상태는 업무에 집중하려는 의지를 약화시키고 생산성을 떨어뜨린다. 조직원들이 자신이 해야 할 본질인 업무에 집중할 때 기업의 성과는 오르기 시작한다.

물론 과거의 조직원은 사장 또는 부서장이 퇴근하지 않으면 업무 시간이 지나도 쉽게 자리에서 일어나지 못했다. 또한 리더가 지시하는 일에 문제를 제기하거나 반기를 드는 조직원들을 찾아보기도 힘들었다. 그러나 요즘 세대들은 오후 6시면 칼퇴근을 한다. 이들은 승진이나 명예에 대한 욕심보다는 개인적인 시간을 중요하게 여긴다. 주 52시간으로 근무 시간이 짧아지고 있는 요즘 시대, 일과 삶의 균형을 중시하는 워라밸 세대의 당당함을 엿볼 수 있다. 워라밸 세대는 자신의 사생활을 존중하며 더 이상 회사를 위해 희생하길 원하지 않는다. 지금은 강압적이며 상명하복으로 일을 시킨다고 하여 고분고분 말을 듣는 시대가 아니다.

A 기업 인사팀은 구인 광고에 공채 모집을 내었다. 그런데 지원자의 비율이 급격히 줄고 기업에 대한 이미지도 좋지 않았다. 원인은 누군가가 구인 광고의 답변 공간에 기업 악플을 남긴 것이다. 그것도 출처를 알 수 없게 가명으로 글을 남겼다. 추후 그 악플을 남긴 사람은 A 기업의 진급에서 누락한 P 과장이었음이 밝혀졌다. 취업 정보 사이트는 취직과 이직을 희망하는 상당수의 사람이 기업의 전직 직원이 쓴 댓글을 통해 정보를 얻고 취직 여부를 판단하는 중요한 근거 자료가 된다. 근로 환경에 관한 글 때문에 채용에 실패하여 원하는 인력을 구할 수 없다면 기업으로서는 큰 손해가 아닐 수 없다. 기업은 내부 조직이 일으킨 통제 불가능한 입소문의 영향을 무시할 수 없다. 경영자가 조직을 신뢰하지 않는다면 그 조직은 불신에 대한 앙갚음을 하거나 개인의 이익을 극대화하기 위한 행동을 한다. 이 또한 엄청난 기업의 비용 손실을 초래한다.

기업에 필요한 인재를 조직에 영입하는 것은 경영자가 해야 할 중요한 업무이다. 그러나 그 과정 중 기존 임직원들에 대한 배려가 부족하다면 기존 임직원들이 느끼는 상실감과 패배감은 매우 크다. 이렇듯 경영자는 기업을 운영하다 보면 점검해야 할 중요한 요소들이 많다.

ISO 경영 시스템 교육이나 인증 심사 중에 기업 담당자에게 흔하게 듣는 이야기가 있다.

"이런 말씀은 우리 대표님이 아셔야 하는 내용입니다. 우리 회사는 대표님이 외부 미팅으로 바쁘시고 ISO 경영 시스템에 관심이 없으셔서 진행이 어려울 것 같습니다."

ISO 국제 표준을 배우고 익히는 것은 먼저 경영자가 관심을 가져야 한다. 리더가 확고한 의지가 없으면 어떤 기업에도 절대로 품질 경영을 운영할 수가 없다. 주인이 관심이 없는데 직원이라고 생각하는 그들이 과연 얼마나 관심을 가질 수 있을지 생각해 보라. 그렇다고 이런 생각을 하는 직원을 탓할 수도 없다. 당신이 기업의 주인인 경영자라면 어떻게 해야 하는지 신중히 생각해 봐야 한다. 이 순간 능력 있는 직원들은 업무에 대한 열정을 내기보다 경쟁사 입사 지원을 위한 사이트를 보고 있을 것이다. 경영자가 관심이 없는 일에 직원들은 어떤 열정과 목적을 가져야 하는지 의문이 들것이며 자신의 미래를 투자할 수 있는 기업인지에 대해 다시 생각하게 될 것이다. 경영자는 이 사실을 알고 먼저 솔선수범하며 경영의 의지를 보여주어야 한다. 그리고 제품 및 서비스, 마케팅도 중요하지만 가장 중요한 것은 내부 자원인 조직 관리에 힘쓰는 것이다.

사람은 누구나 살면서 끊임없이 사회 조직에 소속되어 관계를 맺는다. 그러나 우리는 가장 가까운 관계를 너무나 소홀히 대하는 경우가 많다. 관계는 단순히 일을 원만하게 해나가는 그 이상의 작용을 하고 있다. 관계가 원만한 경우 조직은 피드백도 열린 태도로 적극적으로 받아들인다. 조직과의 원활한 의사소통은 성과를 이루는 강력한 원동력이 된다.

리더는 조직원을 변화시키려 하지 말고 변화하기 좋은 환경을 먼저 조성해야 한다. 조직원들이 기업에 어떤 생각과 태도를 가지고 임하느냐에 따라 기업 매출은 상승할 수도 있고 하락할 수도 있다. 결국 경영의 시작과 끝도 관계로 이어진다.

기업에서의 내부적인 관계 관리는 매우 중요하다.

첫째, 조직 내에서 같이 일하는 사람들과의 관계가 중요하다. 같이 일하는 동료와 상사와의 불화 관계는 육체적인 피로는 물론이며 정신적인 스트레스가 된다. 하루 중 절반 이상을 내부 구성원들과 함께 보내야 하기 때문이다. 경영자는 조직 간의 불협화음을 제거하고 안정된 마음으로 자신의 업무에 매진할 수 있도록 도와야 한다.

둘째, 경영자와의 관계가 중요하다. 조직이 변심하는 이유는 경영자에 대한 불만과 업무의 부적응에서 찾아온다. 리더는 조직원들에게 지시하기보다는 소통하기 위해 노력해야 한다. 경영자는 조직원들의 업무의 어려운 점을 들어주며 그들의 성장을 돕는 멘토가 되어야 한다. 경영자가 조직에게 성장의 씨앗이 되어 주면 조직과의 관계는 지속적으로 이어질 수 있다. 경영자가 조직과의 관계가 두텁고 소통이 원활할수록 조직은 리더를 적극적으로 돕고 싶어 한다. 《앞서가는 조직은 왜 관계에 충실한가》의 저자 랜디 로스는 건강한 조직 관계는 기업 성장의 촉매가 된다고 말한다.

기업은 관계를 통하여 조직의 문제점을 개선하고 기업의 가치를 창출할 수 있다. 리더는 조직원들과 관계를 잘 맺어야 한다.

또한 지속적인 성장을 위해 기업의 협력 업체 및 파트너 등 이해관계자 관리는 매우 중요하다. 이해관계자와의 긴밀한 관계는 기업의 리스크를 예방할 수 있으며 조직의 성과에도 영향을 미친다. 이해관계자와의 관계관리는 조직의 성과달성 가능성을 훨씬 더 높여준다.

우리는 혼자서는 살아갈 수 없는 존재이다. 함께 협력해야 나와 주변의 관계를 더욱 발전시킬 수 있다. 리더의 말이 조직원에게 훈화 말씀처럼 전달되거나 흔한 잔소리가 되어서는 안 된다. 조직원들 역시 서로 의견을 교환하며 리더를 믿고 나아가는 것이 중요하다. 리더십은 조직의 신뢰로부터 출발한다. 기업의 성장을 위해서 반드시 리더와 조직간의 건강한 관계를 맺어야만 한다.

사장이 일하지 않아도
움직이는 회사

　사상 최악의 실업난에도 불구하고 전체 신규 청년 취업자의 43%는 2년을 넘기지 못하고 회사를 떠난다고 한다.^{한국고용정보원, 2019} 심지어 회사를 다니면서 더 나은 회사로 이직하기 위해 퇴사를 준비하는 퇴준생이 늘어나고 있다. 이러한 사실은 조직이 일과 생활의 균형을 중시한다는 의미이기도 하다. 요즘처럼 개인의 삶을 중요시하는 사회에서 하나의 뜻을 모아 기업의 성과를 창출을 한다는 것은 여간 어려운 일이 아니다.

　Y 씨는 H 보험 회사 영업 이사이다. 그는 입사 이후 대리점에서 보험 상품을 주로 영업하였다. 그는 소규모의 사업장에서 상사와 의견을 터놓고 교환하며 일을 해 왔다. 본인 역시 팀장이 된 후에 조직원들과 허물없는 사이로 잘 지내 왔다. 그런데 본사 발령 후 Y 씨는 생각지도 못한 고민이 시작되었다. 새 부서에서 매사 업무에 간섭하기 좋아하는 20대 후반의 사원을 만났다. 그 사원은 언제나 이 업무를 왜 해야 하

는지 따지고 들면서 불만을 많이 호소하였다. 무엇보다 그의 반항적인 태도가 팀장으로서 반갑지 않았다. 그런데 어느 날 직원이 퇴직서를 제출했다. 인사 부서에서는 Y 씨를 불러 직원과의 관계를 확인하며 Y 씨의 태도를 문제 삼고 있었다. 리더의 자리에서 조직원을 다룬다는 것은 결코 쉬운 일이 아니다. 리더는 많은 조직원을 이끌며 리더십을 발휘하는 것을 상상하지만 마음처럼 움직여주지 않는 조직원들이 스트레스의 원인이 된다. 조직원으로서 뛰어난 역량을 발휘하던 사람도 리더가 되는 순간 리더로서의 역량을 발휘하지 못하는 경우도 매우 흔하다.

최근 몇 년 사이에 한국의 기업 문화는 급변하였는데도 불구하고 경영자들은 기성세대가 해온 방식으로 조직원들을 관리하고 있다. 그렇기 때문에 경영자와 직원 사이에 오해와 갈등이 발생할 수밖에 없다. 자신의 과거 경험에 비추어 볼 때 자신이 인내하고 참았으니까 직원에게도 똑같이 요구한다. 그러나 조직원은 리더의 이런 행동에 대해서 불합리하다고 생각한다. 요즘 직원들은 성실함과 복종을 당연히 여기는 과거의 업무 방식을 좋아하지 않는다. 오히려 서로 함께하는 리더십이 선호되고 있다. 조직원은 리더에 대한 기대 심리를 가지고 있으며 스스로 성장하지 않고 멈추어 있는 리더의 모습에 답답함을 느낀다. 반대로 리더는 자신의 문제점에 대해 잘 인식하지 못하고 조직원의 태도나 성격에 문제가 있다고 생각한다. 서로의 생각 차이를 극복하지 못한다면 조직 생활은 매 순간 엇박자가 날 수밖에 없다. 서로 불신과 오해가 생기면 업무의 효율도 떨어진다. 인재들이 높은 경쟁률을 뚫고 기업에 들어오지만 빠른 퇴직을 결정하고 이직을 준비하는 이유가 여기에 있다. 기업의 여러 조건들이 자신과 맞지 않을 때 조직원들은 미련 없이 자신이 가지고 있는 권리와 책임을 포기한다.

조직에서 대리 직급까지는 내 업무만 잘하면 인정받을 수 있다. 그러나 조직을 관리하고 성과를 창출해야 하는 부서장과 경영자는 본인 업무만 잘해서는 인정받기 어렵다. 리더는 조직을 두루 챙기며 상황과 대상에 맞추어 적절한 조직 관리를 해야 한다. 하지만 문제는 그동안 익숙한 행동으로 자신도 모르는 사이에 꼰대가 되어 버린다. 리더는 조직과의 관계를 형성하는 방법, 그리고 일하는 방식에 대해 연구해야 한다. 조직원들이 경영자를 불편하게 생각하거나 답답한 불통자라고 느낀다면 더 이상 조직원들은 리더를 따르지 않는다. 과거에는 조직 간에 갈등이 발생하면 기업에서는 리더의 입장이 우선이었지만 이제는 리더의 리더십 문제로 접근한다. 요즘 기업들은 기업 문화를 위한 분위기 개선과 노력을 아끼지 않는다. 시대가 갈수록 경영자에게 쏟아지는 의무와 책임은 한없이 버거워졌다. 자신의 일에만 매진하면 되는 직원들과 달리 경영자는 분명 경영 마인드가 필요하다.

직급이 위로 올라갈수록 업무의 내용이 더 많아지나 상사에게 꼭 필요한 기술은 사람을 키우는 능력이다. 경영자는 혼자 일하지 말고 차세대 리더를 양성해야 한다. 리더가 아무리 똑똑하고 일을 잘하더라도 혼자서 일을 해결하는 데는 한계가 있다. "알아도 아는 척 말랬다."는 속담처럼 리더는 아는 것이 있더라도 자랑하여 뽐내지 말고 마치 모르는 것처럼 겸손한 자세로 있어야 한다. 직원들에게 시시콜콜 간섭을 하면 자율성이 줄어들고 자존감도 낮아진다. 경영자는 리더의 그릇을 키워야 더 많은 성과를 채울 수 있다. 리더가 직원들을 제대로 교육하지 않으면 기업은 계속 살아남을 수 없다. 조직원에게 권한을 위임하고 조직원에게 도움이 되는 훈련을 시키며 필요한 자원을 제공하여 그들의 역량을 개발하는 데 집중해야 한다. 조직을 믿고 자신의 권한을 기꺼이 나누는 리더만이 기업을 성장시킬 수 있다.

　리더에게 가장 중요한 역할은 성과를 내는 것이다. 리더는 인재를 양성하는 것이 성과를 올리기 위한 우선순위임을 분명히 알아야 한다. 직원들의 능력과 경험 수준을 냉정하게 파악하고 그에 맞는 방법으로 일을 맡겨야 한다. 리더는 실무자가 업무를 잘할 수 있도록 환경과 기반을 제공해 주어야 한다. 조직원들의 교육 훈련을 위한 역량 개발이 필요하며 공정한 태도로 모든 조직을 지도해야 한다. 조직원에게 일을 잘 맡기는 것이 리더의 능력이다. 리더는 일 잘하는 사람이 되기보다 일을 잘 맡기는 사람이 되어야 한다. 리더가 모든 일을 다 할 수는 없기 때문이다.
　조직원들을 잘 이끌기 위해서는 조직원들의 잠재력을 최대한 발휘할 수 있도록 도와야 한다. 조직원들을 격려하고 권한을 위임하며 그들의 성공을 도와야 한다. 조직을 성장시키면 리더도 함께 성장한다. 리더는 조직원의 개인적인 목표 달성을 돕는다. 그리고 그들이 리더로서 성장할 수 있도록 기꺼이 도와야 한다. 리더는 기업의 비전을 명확하게, 그리고 지속적으로 알려야 한다. 또한 리더는 비전과 일치하는 행동을 조직원에게 보여주어야 한다. 그리하면 목표 도전에 활력이 생긴다. 조직원은 리더의 말보다 리더가 행동하고 모범을 보이는 것을 더 보고 싶어 한다. 조직원은 기업의 비전보다 리더의 행동을 먼저 바라본다. 조직원은 자신이 따르고 싶은 사람과 미래를 함께하길 원한다.

   처음부터 완벽한 경영자는 없다. 경영자는 그 무엇보다 조직 관리에 신경을 써야 한다. 조직원에게 일을 잘 맡기기 위해서는 조직을 이해하려는 노력으로 출발해야 한다. 특히 젊은 조직은 업무의 경험이 부족한 데 비해 열정과 의욕이 앞선다. 경영자는 업무의 진행률은 어느 정도 이루어졌는지, 불편 사항은 없는지, 추가적인 지원이 필요한지 주의 깊게 살펴보아야 한다.

   리더가 일을 맡기지 못하고 방치하면 업무는 감당할 수 없이 늘어난다. 조직원이 즐겁고 신나게 일할 수 있도록 조직문화를 만든 기업은 자연스럽게 업무의 성과가 나올 수밖에 없다. 리더는 조직의 마음을 움직일 수 있는 영향력 있는 자가 되어야 한다. 기업의 성공 원천은 바로 일을 하는 조직원에게 달려 있다. 리더는 조직원의 성장을 도와야 한다. 리더와 조직원은 유기적인 공동체라는 것을 잊지 마라.

인재 부족이 아니라
인재 육성이다

"자식에게 물고기를 잡아 먹이지 말고,

물고기를 잡는 방법을 가르쳐줘라."

탈무드의 명언이다. 말 그대로 부모는 자녀가 스스로 자신의 삶을 계획하여 잘 살아갈 수 있도록 지도해야 한다. 기업의 경영도 이와 같다. 그러나 마음이 조급한 경영자는 업무를 조직원에게 위임하는 것보다 차라리 본인이 처리한다. 업무를 해결하지 못해 헤매고 있는 직원을 지켜보느니 자신이 바로 처리하는 것이 마음이 편안하기 때문이다. 그렇게 하면 일을 맡은 직원의 결과물을 보고 다시 수정할 번거로움도 없다. 경험이 많은 경영자일수록 업무도 훨씬 빠르게 처리할 수 있고 기업의 리스크도 줄일 수 있다.

그러나 한편으로 이런 경영자는 우리 기업에 인재가 없다고 하소연한다. 경영자는 자신의 업무를 대신해줄 수 있거나 맡겨도 불안하지 않은 인재가 필요하다고 말한다. 하지만 우리 기업에 딱 맞는 직원을 구하기란 생각보다 쉬운 일이 아니다. 어느 조직이든 경영자가 원하는 인재를 찾기란 쉽지 않고 팀원의 유형도 천차만별일 수밖에 없다. 경영자는 인재를 찾기보다는 인재를 키우기 위한 전략을 가지고 있어야 한다.

ISO 경영 시스템 인증 최초 심사를 위해 방문한 기업이다. H 회사의 생산 부서에서는 팀원들이 벌써 3명씩이나 그만두었다. 기존 다른 부서에서 빈자리를 메우며 임시로 업무를 처리하고 있지만 부서를 옮겨도 역시나 사람을 뽑아야 하는 건 같은 상황이다. 진급하고 부서를 옮기며 일해 왔던 직원들도 차례대로 그만두는 당황스러운 일이 벌어졌다. 또다시 남은 팀원들이 공석으로 남겨진 업무까지 나누고 있다. 이런 상황에서 남은 팀원들까지 또 다른 퇴사자를 만드는 상황이 되지 않을까 걱정이다. 조직원들은 이런 경영자의 일 처리 방식에 지쳐가고 있었다. 아무리 중견 기업이라도 조직원을 제대로 활용하지 못한다면 기업은 언제든지 망할 수 있다. 리더는 앞으로 직원이 한 명씩 그만둘 때마다 그 빈자리를 메우기 위해 시간과 에너지를 허비해야 한다.
　리더가 조직의 심리를 파악하는 것은 경영에서 매우 중요한 일이다. 리더는 조직을 관리할 수 있는 운영 전략을 수립해야 한다. 리더는 업무 담당자가 그 업무의 역량을 최대한 발휘할 수 있도록 만들어주어야 한다. 그리고 조직원들이 정해진 일정에 맞추어 업무를 진행할 때 각자 해야 할 임무를 분배하여 차질을 빚지 않도록 직무 관리를 해야 한다. 업무에 대한 목표를 가지고 일상 업무, 개선 업무, 그리고 급한 업무들을 구분하여 관리해야 한다. 리더는 반복적인 일상 업무를 표준화하고, 일에 대한 책임과 권한을 명확히 하여 충분한 역량을 갖춘 담당자를 배정해야 한다. 그리고 업무 프로세스가 원하는 대로 진행되는지 모니터링하여 문제가 발생하면 바로 개선으로 이어지는 시스템을 구축해야 한다. 아울러 업무가 제대로 진행이 되는지 정기적으로 점검하며 개선점을 찾아 피드백을 해주어야 한다. 성공하는 기업의 경영자는 직원의 교육 훈련에 관심과 지원을 아끼지 않는다.

ISO 경영 시스템 인증 갱신 심사를 위해 방문한 중소기업에서 있었던 일이다. 약 1,000명의 직원이 근무하는 기업에 교육 훈련 절차와 실행 기록을 확인하면서 부적합 보고서를 발행한 적이 있었다. 여느 회사와 마찬가지로 기획팀장과 미팅 중에 경영자가 직원들의 교육에 많은 관심을 갖고 지원하고 있었다는 것을 확인했기에 교육 훈련에 자신감이 있었다. 그러나 실제 교육을 실시하며 증거 자료와 직원들과의 교육 효과를 확인해 보면서 이 기업의 교육 훈련 시스템에 문제가 있다는 사실을 발견하였다. 이 회사에서는 매년 연말이면 온라인 교육 전문 기관들을 이용하여 전 직원에게 교육 커리큘럼 중에서 어떤 교육을 희망하는지에 대해 설문을 하고 있었으며 신청하는 교육에 대해서는 전액 교육비를 기업에서 지원하고 있었다. 교육을 이수한 직원들은 교육 과정 이후 테스트를 통해 교육 증거물로 수료증을 보유하고 있었다. 기업의 교육 시스템은 잘 구성이 되었으나 실제로 교육의 효율성에 대하여 의문점이 생겼다. 모든 일이 그렇듯이 형식적으로 하는 것은 의미도 없으며 시간과 비용을 낭비하게 된다. 기업에 필요한 인재를 육성하기 위해서는 반드시 기업과 조직에 도움이 되는 교육 시스템을 구축해야 한다.

그렇다면 우리 기업은 어떻게 교육 시스템을 실행하고 있는지 한번 비교해보자.

첫째, 조직원에게 꼭 필요한 교육인지를 파악했는가? 조직원은 현재 담당하고 있는 업무의 역량 기준을 정하고 그 역량 안에서 자신이 부족한 부분이 무엇인지를 파악해야만 한다.

둘째, 매번 실시하는 이 교육 과정이 회사에 꼭 필요한 교육인가? 개인의 업무 역량을 높이기 위한 교육들도 좋을 수 있지만 우선 직원들이 하고 있는 업무에 어떤 교육이 우선인지를 확인해야 한다.

셋째, 온라인 교육을 통해서 과연 얼마나 효과를 볼 수 있는가? 회사의 컴퓨터는 스피커가 지원되지 않는 경우가 상당히 많다. 강사의 소리를 못 듣고 어떻게 교육을 받고 있었을까? 이 회사에서는 온라인 교육을 근무 시간 중에 하되 업무에 지장을 주지 않는 범위에서 실시하라고 공지를 내렸다. 또한 현장에서 근무 중인 직원을 통해서 전해 들은 답변은 온라인 교육 실적을 가지고 있어야 개인 역량 평가에서 본인이 불이익을 받지 않기 때문에 어쩔 수 없이 의무적으로 참여하고 있다고 말했다.

넷째, 고용보험에서 교육 비용을 지원해 주기 때문에 이 범위 안에서만 교육을 선택하고 있지는 않은가? 교육을 진행하다 보면 수강생들의 분위기가 교육비를 본인이 지불하고 참여할 때와 그렇지 않을 때 큰 차이가 있다는 것을 발견할 수 있다. 아무리 훌륭한 강사가 좋은 콘텐츠를 강의하더라도 집중할 수 있는 시간은 오래가지 않는다. 수강생의 의지가 있어야 교육의 효과를 높일 수 있다.

다섯째, 해당 직원 교육을 위한 장기적인 플랜은 수립되어 있는가? 한 번의 교육으로 목적을 달성할 수 있는지 생각해 봐야 할 것이다. 이

외에도 교육을 체계적으로 하기 위해서 준비해야 할 것들이 결코 단순하지 않다는 것을 예측할 수 있다.

기업은 연간 교육 훈련 계획을 체계적으로 준비하고 교육 후 교육생의 피드백을 통하여 개선점을 찾아가는 프로세스를 갖추어야 한다.

그렇다면 중소기업은 직원 교육을 포기해야 하는가? 절대 그렇지 않다. 이 부분을 가이드 해 주는 국제 표준을 제대로 이해한다면 오히려 쉽게 해결할 수 있다.

전 세계 수많은 경영에 관련된 전문가들이 공통적으로 이야기하는 성공한 조직의 교육 훈련 방법은 국제 표준인 ISO 경영 시스템에서 정확히 안내해 주고 있다. 아직도 ISO 경영 시스템을 모른다면 언제든지 글로벌 ITS 인증원으로 도움을 요청하라. ISO 경영 시스템에 대한 이해와 경영 가이드를 제공해 주겠다.

전 세계에 사업 거점을 두고 760억 달러의 매출을 올리는 P&G^{Procter & Gamble}사는 세계 최대의 일반 소비재 메이커다. 미국의 《포춘》지에서 사원의 능력이 세계 1위일 정도로 P&G 출신의 역량은 뛰어나다. P&G 사는 이곳 인재들이 GE나 MS 등 유명 기업의 고위 경영자가 되는 등 인재 배출 기업으로서도 명성이 높다. P&G는 인재를 키우는 일과 브랜드를 키우는 일은 같다고 여기며 인재 육성에 초점을 맞추고 있다.

경영자는 인재를 키우기 위해서는 조직원들이 필요한 능력을 습득할 수 있도록 인재 양성 시스템을 만드는 것이 중요하다. 기업은 직원들의 필요를 채워주는 맞춤 교육을 해주어야 한다. 경영자는 조직원들의 역량을 믿고 그들에게 주어진 재능을 활용할 수 있도록 다양한 가능성을 열어두어야 한다. 기업 내에서는 원활한 소통이 조직원들과의 관계에서 매우 중요하다. 조직원들은 권위적 리더보다는 함께 문제를 해결해 나갈 수 있는 리더를 원한다. 리더는 조직원들에게 자신의 역량을 주입하기보다는 균형 잡힌 새로운 대안들을 통해 적응력을 높이고 기업에서 유능한 인재로 성장할 수 있도록 기회를 제공해야 한다.

인재를 발굴하고 양성하는 것은 매우 어려운 과제이다. 하지만 기업이 장기적으로 영속하기 위해서는 반드시 인재를 육성해야만 한다는 것이다. 경영자가 맹목적으로 일하는 직원들조차 따르게 만들 수 있는 기술을 가지고 있다면 정말 훌륭한 리더이다. 경영자는 조직원들이 여러 가지 일을 처리할 수 있는 기본적인 능력을 습득할 수 있도록 시스템을 만들어주고, 조직원들이 리더로 성장할 수 있는 가능성을 제시함으로써 지속적인 인재 교육 훈련을 시켜야 한다. '근자열 원자래近者悅 遠者來'라는 말처럼 가까운 사람을 기쁘게 하면 멀리 있는 사람이 온다. 인재를 모으기 위해 리더가 명심해야 할 격언이다. 아무리 훌륭한 기업을 만들었다 하더라도 후계자를 잘못 선임하면 언제든지 기업은 망할 수 있다. 장수 기업을 만들겠다고 생각하는 경영자라면 반드시 정교한 인재 발굴 육성 시스템을 만들어야 한다.

조직원들에게 언제나 인간미가 넘치는 리더로, 직원의 업무를 도맡아서 해결해주는 리더로 남아서는 안 된다. 조직으로 인한 어려움은 경영자의 몫이다. 마냥 힘들다고 투덜대기만 할 수도 없다. 훌륭한 리더란 조직을 효과적으로 움직이는 리더이다. 그러기 위해서는 조직원들에 대해 잘 알아야 하며 그들에 대한 선입관을 버리고 내면을 들여다보는 마음의 자세와 능력이 필요하다.

조직의 성장을 도와주고 능력을 개발해주는 리더는 사람이 따른다. 각 조직원들이 제각각 지니고 있는 능력과 가능성을 최대한으로 이끌어내어 성과로 연결할 때 리더는 더욱 빛이 난다. 강압적인 리더십은 일시적으로는 힘을 발휘할 수 있다. 하지만 조직원은 기업을 떠난다. 경영자는 조직원들의 성장 동력이 되어 주며 끊임없이 소통해야 한다. 인재 육성에 초점을 맞출 때 기업도 지속 성장이 가능하다.

기업 문화가
보이지 않는 수익을 창출한다

타악기, 현악기 모두가 함께 어울려 연주하는 오케스트라 공연을 연상해 보자. 지휘자의 손끝 동작을 따라 많은 악기가 한데 어우러져 나오는 음색의 감동을 누구나 기억하고 있다. 기업도 이처럼 다양한 부서와 조직들이 존재한다. 직원마다 각자의 스타일이 있고 강점과 약점도 다르며 이해하는 방식도 모두 다르다. 여러 사람이 한 조직으로 모여서 각자의 개성대로 일하다 보면 쉽게 지치기 마련이다. 특히 의사소통이 어려운 조직 관계는 그야말로 일보다 더 힘들다. 성과를 내는 조직은 각자 다양한 성향을 가지고 있으면서도 최상의 하모니를 만들어낸다. 남다른 차이를 보이는 기업은 반드시 눈에 보이지 않는 기업 문화를 가지고 있다.

E 기업은 25년 역사를 가진 식품 제조 및 유통업체이다. H 대표는 병원을 운영하면서 환우들의 식이요법을 돕기 위해 개발한 식품을 유통하고 있다. E 기업은 창출되는 수익금의 일부를 가난하고 도움이 필요한 이웃에게 나누고 섬기는 사역을 하는 사회적 기업이다. H 대표

는 최고의 품질을 위해 최상의 원료를 사용하며 "사람과 하나님 앞에 부끄럽지 않은 제품을 생산한다."라는 경영 원칙으로 품질 경영을 하고 있다. E 기업은 자연에 과학을 더한 최고의 제품을 만들며 좋은 품질을 더 많은 고객에게 나누고자 하는 경영 철학을 가지고 있다. 기업의 경영 철학을 실천하기 위해 전 조직이 포베이직Four Basic 운동, 즉 '바이블 읽기', '하루 한 끼 생식 실천하기', '만 보 걷기', '하루 다섯 가지 감사하기'를 실천하며 고객과 이해관계자들에게 이웃 사랑을 실천하고 있다. 포베이직 운동을 통해 기업에 건강한 문화를 정립하고 더 나아가 고객들에게도 건강 솔루션을 제공하는 것이다. 이렇듯 기업의 문화가 자리 잡히면 조직에게 어떠한 상황이 주어져도 자연스럽게 조직이 지향하는 방향으로 움직인다. 기업 문화는 보이진 않지만 강력한 힘이 있다.

수많은 경영자가 우리 기업에 적합한 기업 문화를 만들기 위해 다른 기업의 새로운 사례와 제도를 탐색한다. 그렇게 해서 찾아낸 다른 기업의 좋은 문화 습관이나 이벤트를 보고 우리 기업에도 적용해 보려고 노력한다. 예를 들면 직급의 파괴, 업무 효율을 위한 자율 복장, 출퇴근 및 일하는 방식의 변화 등 다양한 제도와 조직 운영에 관한 규정들을 시도해 본다.

그러나 기업의 문화가 잘 정착된 기업도 있지만 이러한 것들이 기업 문화에 어울리지 않는다면 사내 분위기만 어수선해지고 노력들은 이내 수포로 돌아가고 만다. 조직은 기업의 경영 철학과 연관성이 없는 조직 문화가 들어오게 되면 근무하는 조직원들이 혼란을 겪게 된다. 통일성을 기반으로 하는 기업 문화를 위해서는 사내 규정 및 업무 매뉴얼 등을 갖추고 이를 지속적으로 유지하며 교육하는 것이 중요하다.

기업 문화는 이벤트가 아니다. 기업 문화가 규칙이 없다거나 관리가 전혀 되지 않으면 일회성으로 끝날 수 있다. 일관된 의도로 연간 기획이나 일정 기간 단계적으로 실시한다는 계획이 있어야 한다. 경영진이나 조직원들에게 기업 문화 개선 활동이 자칫 복지 프로그램으로 이해되어서는 안 된다. 기업 문화는 조직의 경영 목적을 달성하기 위해 구축되어야 한다.

기업 문화란 기업이 가지고 있는 경영 철학이나 조직의 핵심 가치, 행동 규범, 업무 방식, 태도 등의 종합적인 개념을 뜻한다. 그래서 기업 문화는 눈으로 보이지 않으나 공기처럼 느껴지는 것이다. 이러한 기업 문화는 결코 우연히 만들어지지 않는다. 기업의 경영 철학과 비전이 조직의 비전과 연결되어 있어야 한다. 그래야 조직원들이 보람을 느끼며 일을 하게 된다.

조직원들이 함께할 수 있는 특별한 기업 문화를 만들기 위해서는 경영자는 조직원들에게 다음을 보장해 주어야 한다.

첫째, 조직의 공동 목표를 심어주어야 한다. 이것은 조직원들이 하나의 목표를 이끌 수 있도록 공동의 목적을 세우는 일이다. 조직이 공감할 수 있는 조직의 방향이 있어야 한다. 조직은 공동으로 나아가려는 목표가 분명해야 한다. 궁극적으로 우리 조직이 달성해야 할 목표가 무엇인지 확실히 인지시키고, 이를 조직원들이 자신의 목표로 삼아 업무에 더 적극적으로 참여하여 더 나은 조직으로 성장할 수 있도록 해야 한다. 즉 조직의 목표에 대해 공감하며 목표를 달성하기 위해 모두가 한 방향으로 나아가야 한다. 조직원들을 한마음으로 모을 수 있는 분명한 목표가 있을 때 조직은 이탈자 없이 지속적으로 성장할 수 있다. 조직원들이 공감하지 못하는 목표는 아무리 이상적인 목표라도 성장에 큰 도움이 되지 않는다.

둘째, 조직원들에게 안정적인 소속감을 주어야 한다. 경영자는 많은 시간을 조직원들과 사적으로도 이야기를 나누어야 한다. 조직원들에게 '우리는 한 조직이며 이곳은 구성원들의 성장과 행복을 보장해 주는 곳이다.'라는 소속감을 심어주어야 한다. 기업의 문제를 자신의 문제로 생각하게 될 때 조직원들이 더 적극적이고 안정적인 업무 수행 능력을 보여준다. 소속감은 조직의 잠재된 능력을 끌어내는 강력한 동기가 된다. 그리고 차기 리더로서의 성장 가능성을 제공해야 한다. 조직원들의 결속력은 무너지는 기업도 살릴 수 있다.

셋째, 팀워크를 형성해야 한다. 최고라는 사람들을 모아놓는다고 최고의 결과가 나오지는 않는다. 경영자와 조직 모두 제아무리 각자 열심히 일한다고 해도 최고가 되지 않는다. 조직에 속하지 않고 일하는 사람은 없다. 무엇보다 궁극적으로 하나라는 의식 공유가 필요하다. 개인의 능력에 대한 우수성보다 팀워크를 칭찬해 주어야 한다. 모든 조직원이 '혼자서는 해낼 수 없다'는 한계를 인정할 때 협업의 엔진이 돌아간다. 기업 문화란 말 그대로 기업의 문화를 나타내는 것으로 공유 가치, 전략, 구조, 관리 시스템, 구성원, 기술 등을 포괄하여 기업의 근간을 이루는 요소들이다. 기업 문화에는 리더의 생각과 태도가 그대로 반영된다.

최고의 기술력, 최대 자본, 그리고 똑똑한 인재가 있어도 더 이상 성장하지 못하는 기업들이 있다. 경영자는 기업의 문화를 뒷전으로 하고 오로지 성과와 이익만을 강조해서는 안 된다. 인체가 활력을 잃으면 신진대사가 어려워져 질병이 찾아오듯 조직원들의 기운이 침체되어 있으면 기업은 높은 성과를 기대할 수 없다. 경영자는 조직원들의 열정과 사기를 높여주어야 한다.

조직원들은 자신이 기업의 중요한 자산이라고 인식할 때 강한 동기 부여가 된다. 그리고 이 동기 부여를 통해 촉발된 열정은 기업의 성과로 이어진다. 기업은 무한히 성장해야 하며 조직도 무한히 성장해야 한다. 경영자는 조직에 대한 신뢰를 구축하여 조직의 가치를 끌어내야 한다. 그러기 위해서는 신뢰의 기업 문화를 만들어야 한다. 일하고 싶은 이상적인 일터는 돈 이외의 가치를 분명히 추구해야 한다. 조직원들은 일을 통해 존경, 성장, 사랑, 나눔, 공동체 의식 등 가치를 경험하길 원한다. 가치를 추구하며 열정적으로 일할 수 있는 일터를 제공하는 것은 리더의 역할이다. 조직의 지속 가능성이나 고객으로부터 존경받는 기업이 되기 위해서는 건강한 기업 문화 관리는 필수적이다. 기업 문화는 기업의 특성을 나타내는 동시에 그 기업의 미래 가능성을 보여주는 지표가 된다.

기업 문화를 잘 다스리고 이끌기 위해 가장 중요한 것은 리더의 역할이다. 리더가 조직원과 좋은 관계를 유지하면서도 기업의 성과를 이끌어내기 위해서는 조직 관리를 다루는 기술이 필요하다. 리더는 조직원이 가지고 있는 지식, 기술, 재능이나 경험을 존중하며 적극적으로 참여할 수 있도록 지원해 주어야 한다. 개인의 능력과 경험 차이를 인정하면서도 허심탄회하게 서로의 의견을 교환할 수 있는 분위기를 조성하고 조직들의 역량을 믿고 그들의 책임과 권한 그리고 자율성을 인정해주어야 한다. 조직들이 개방적이고 유연한 사고를 할 수 있는 기업 문화가 필요하다.

"한 명의 천재가 만 명을 먹여 살린다."고 하는 시대는 지나갔다. 리더가 제아무리 혼자 열심히 한들 최고의 기업이 될 수는 없다. 궁극적으로 '우리는 하나'라는 의식을 공유해야 한다. 남다른 성취를 만드는 차이는 구성원이 팀 안에서 최상의 하모니를 이룰 수 있는가 여부에 달려 있다.

위기를 부르짖는다고
위기의식이 생기지 않는다

새해가 되면 각 기업의 대표들은 '신년사'를 내놓으며 새로운 혁신과 빠른 개혁을 추진하겠다는 약속을 한다. 그러나 경제 상황이 좋지 못하여 계획대로 진행이 어려웠다며 흐지부지되는 경우가 발생한다. 매년 기업의 경영 진단을 하다 보면 조직원들의 가장 큰 불만 사항은 바로 경영자들의 언행 불일치이다. 수많은 경영자가 기업이 향후 나아가야 할 미션과 비전을 강조하고 경영 철학을 내세우지만 이는 허울뿐이라는 것이다.

경영자들이 내세운 경영 이념과 비전이 조직 내에 살아있는 철학으로 정착되려면 경영자의 언행일치와 솔선수범이 가장 먼저 이루어져야 한다. 조직원이 기업의 미션과 비전에 대해 몰입하기를 기대한다면 리더가 먼저 원칙과 기준을 잘 지켜야 한다. 리더의 태도가 정직하지 않으면 조직 내에 긍정적인 영향을 미칠 수 없으며 리더의 언행을 불신하는 조직원들이 점점 늘어나게 된다. 경영자의 말과 행동이 곧 기업의 신용이다.

G 기업의 E 대표는 회의 때마다 새로운 아이디어와 신규 프로젝트를 제안한다. E 대표는 워낙 열정적이고 생각이 많은 사람이다. 그는 회의를 진행할 때마다 조직원들에게 다른 신선한 아이디어 제안을 요청한다. 이러다 보면 이전 프로젝트의 진행은 조용히 사라진다. 대표의 의사 결정에 따라 새로 시작되었다가 무너지는 프로젝트들이 워낙 많아서 조직원들은 더 이상 당황하지도 않는다. 이제 조직원들은 대표가 발표하는 프로젝트는 실효성이 없다는 것을 알고 별로 관심을 두지 않는다.

반면 E 대표는 조직원들의 업무 진행 상황이나 결과 확인에는 관심이 없다. 그러다 보니 조직원들은 리더의 비위를 맞추기 위해 새로운 아이디어 자체에만 집중하고 제안만 남발한다. 아이디어가 실행으로 이어지지 않고 아이디어로 머문다면 아무런 의미가 없다. 대답만 하고 정작 일은 하지 않아 언행일치가 되지 않는 조직 문화가 정착되어 버린다.

경영자에게 가장 필요한 능력은 조직원에게 일을 맡기고 그 업무가 문제없이 진행되도록 점검하는 것이다. 기업의 대표가 자기가 한 말에 책임을 지지 않는다면 누구도 책임지는 행동을 보이지 않는다. 리더는 잘 인식하지 못하지만 조직원들은 리더의 말과 행동에 매우 민감하다. 리더의 생각과 행동, 그리고 리더의 일하는 방식과 스타일은 그대로 조직에 영향을 미친다. 리더의 입에서 새로운 제안이 나왔으면 어떤 식으로든 추진을 하고 그 결과에 대한 객관적인 평가를 할 수 있어야 한다.

한편 리더는 자신이 말한 것이 충분히 조직에 잘 전달되지 않는다고 하소연한다. 리더는 의사소통이 되지 않는 조직원을 탓할 것이 아니라 제대로 된 소통의 방식을 찾아야 한다. 리더는 기업이 가지고 가는 경영 방침, 그리고 업무의 방향을 내부적으로 전달하기 위해 반복적인 언어와 행동으로 표현해야 한다. 조직원들은 한번이 아니라 지속적인 교육 훈련이 되어야 리더의 의지와 경영 철학이 제대로 전달되어 반응을 보이게 된다. 실적이 부진한 조직에서 아무리 리더가 매출 향상을 독려하고 밤낮으로 뛰어다녀도 조직원들은 경영자의 열정의 크기만큼 움직이지 않는다. 말로만 지시하는 것이 아니라 함께 언행이 일치되는 본보기가 되어 주어야 한다.

리더는 조직원들이 책임과 권한을 갖고 움직일 수 있는 문화를 만들고 그 의견을 충분히 수렴해주어야 한다. 접대 핑계로 주중 골프를 치러 가거나, 또는 지각이 잦은 경영자는 조직원에게 성실성을 요구할 수 없다. 조직은 급여라는 보상이 있으니 받은 만큼 일을 하면 된다. 그러나 기업은 이익이 목적이기 때문에 조직원이 받는 것 이상으로 일해야만 기업이 성장할 수 있다.

경영자에게 무엇보다 중요한 것은 조직과의 신뢰이다. 기업의 성장이 단숨에 일어나는 비결은 없다. 처음부터 중견 기업은 없다. 조직원은 언행일치가 되고 성실한 경영자를 따른다. 수많은 경영자가 외부의 투자를 받거나 또는 잉여 자본이 발생하게 되면, 단순하게 자산 관리에만 집착하거나 장비 또는 설비의 비용 투자에만 집중하고 있다. 그러나 더 중요한 것은 기업의 미래가치인 조직 성장과 발전에 투자하고 조직과 함께 호흡하는 일에 끊임없이 투자하는 것이다. 기업의 미래는 조직의 수준에 의해 결정된다.

J 회사의 대표이사인 K 사장은 자신이 추진하는 일에 반대 의견을

내는 조직보다 찬성해 주는 조직이 더 마음에 든다. 대표의 마음은 이미 정해져 있는데 리더의 의견에 반대하면서 다시 생각해볼 것을 요구하는 조직원들을 불편하게 느끼는 경우가 있다. 또는 경영자가 제안한 의견에 침묵하는 조직원들을 그 의견에 모두 찬성한다고 생각하는 경우도 있다.

그러나 경영자는 절대 침묵이 찬성을 의미하지 않는다는 사실을 알아야 한다. 조직의 침묵은 정확한 책임을 회피하기 위하여 모호한 입장을 취하는 것이다. 침묵은 책임을 피해 갈 수 있는 가장 좋은 방법이다. 의사 결정에 있어서 조직의 적극적인 참여가 이루어지지 않고 침묵으로 머물러 있다면 결국 모든 일의 결정은 경영자가 해야 한다.

리더가 혼자 모든 일을 결정하고 처리하려고 한다면 조직원들은 더 이상 의견을 제안하지 않는다. 리더 혼자 결정한 일에 대해서 조직원들은 책임지지 않으려고 하고 업무에 최선을 다하지도 않는다. 리더는 회의할 때 조직원들의 다양한 의견에 반대도 찬성도, 과도하게 비난하거나 옹호하지도 말아야 한다. 리더는 열린 마음으로 조직원들의 모든 의견을 수렴한 후 결정해도 늦지 않다.

리더는 모든 사람의 눈과 귀가 집중되는 자리이다. 사람들은 늘 리더를 평가하고 있다고 의식해야 한다. 리더의 말과 행동이 달라지는 순간 경영자의 진정성과 권위는 곧바로 무너진다. 그러면 조직으로부터 신뢰를 회복하기 위해서는 더 많은 에너지와 시간이 필요하다. 리더는 카메라가 늘 자신을 지켜본다고 생각해야 한다. 기업의 시선은 위로 쏠린다. 리더는 인지하지 못해도 위로 올라갈수록 본인의 태도, 행동, 역량을 보는 사람이 더 많아진다. 그러니 진실된 삶, 일관된 행동, 업무적 역량을 갖춰야 다른 사람들로부터 신뢰를 얻을 수 있고 이 신뢰를 기반으로 당신의 영향력을 발휘할 수 있다. 그래야 따르는 조직들도 많아지고 본인의 말에 무게도 달라진다. 리더는 조직원들에게 칭찬과 격려를 더 자주 해야 한다. 조직원들은 칭찬받을 때 더 노력한다. 조직들도 본인이 신뢰하는 사람의 격려를 더 진정성 있게 받아들인다.

리더가 지키지 않으면 조직원도 지키지 않는다. 조직은 리더의 말과 행동을 보며 신뢰감을 갖는다. 항상 말과 행동이 바뀌면 조직원들은 사장의 말에 귀 기울이지 않는다. 자신의 말에 책임을 지는 것으로부터 경영이 시작된다. 기업의 위기가 찾아와도 조직원들의 마음은 냉가슴일 수 있다. 일방적인 지시보다는 수평 관계에서 상호 소통과 협조 속에서 일해야 한다. 그래야 서로 원원할 수 있다. 조직의 모습이 곧 리더의 얼굴이다. 조직은 리더와 비전이 일치할 때 행동한다. 조직원들은 언제나 리더를 보고 있다.

예측이 가능한 리스크를
관리하라

　세월호 사건과 메르스, 지진과 바이러스 확산 등 최근에 찾아오는 새로운 리스크들이 우리의 삶을 위협하고 있다. 국가는 국민의 안전한 삶을 위해 책임을 지고 재난 관리를 하고 있다. 하지만 여전히 유사한 리스크는 지속적으로 발생하고 있으며 이런 잦은 리스크의 발생은 국민들의 안전에 대한 욕구를 더욱더 상승시키고 있다. 기업도 이와 같다. 새로운 경영 환경의 변화는 기업에 민감한 리스크가 아닐 수 없다. 특히 코로나 바이러스의 등장은 전 세계의 미래 시장을 앞당기는 기회가 되었다. 코로나 바이러스로 인한 새로운 변화는 사람, 조직, 사회, 국가의 세계 오픈화를 가속화하고 있다. 이럴 때일수록 고객들도 더욱 안전한 제품과 서비스 제공을 요구한다.

　화력 발전소에서 한 노동자가 야간에 혼자 작업을 하다 컨베이어 벨트에 끼어 사망한 사건이 있었다. 그 후로 일 년 뒤에도 화력 발전소 부두에서 하역 작업을 하던 화물차 운전 기사가 기계에 깔려 사고를 당한 것으로 확인되었다. 업무 과실과 관리 감독의 소홀함으로 인해 참사가 반복되었다. 이런 사건은 산업 단지에서 흔하게 발생하는 안전 사고이다. 책임자는 사고 현장의 안전 관리 시스템이 제대로 작동하지 않았다는 결론을 내렸다. 이처럼 사고 발생 후 회의를 소집하여 보고를 받고 지시를 내리는 것은 이미 때늦은 대처이다. 리스크는 일상에서부터 기업 현장에 이르기까지 흔하게 발생하는 사고이다.

리스크란 목적 달성에 영향을 줄 수 있는 불확실성을 의미한다. 리스크 관리는 보이지 않는 리스크를 발견해 부정적인 영향은 제거하고 긍정적인 영향을 최대한 키우는 위기 관리 능력이다.

문제는 리스크 관리가 문서로만 남기며 형식적으로 이루어지는 경우가 대부분이라는 사실이다. 비상 사태 관리 매뉴얼을 만들어 놓고 가상 훈련을 한번 했다고 시스템이 구축되는 것이 아니다. 비상 사태 관리는 이론이 아닌 실체를 관리해야 한다. 매뉴얼이 중요한 것이 아니라 시스템이 제대로 운용되도록 지도하는 것이 중요하다. 수많은 조직원이 익숙한 업무이다 보니 위기 의식 없이 무의식적으로 생각한다. 리스크를 식별하고 비상 사태 대책을 계획해도 실제 행동으로 옮기려면 지속적인 교육과 실행력이 필요하다.

대기업은 리스크 경영을 전담하는 부서, CRO^{Chief Risk Officer}가 있다. 그러나 리스크는 조직적으로 관리해도 쉽게 줄지 않으며 위기를 기회로 바꾸는 게 말처럼 쉬운 일이 아니다. 우리의 인생도 한 치 앞을 내다보지 못하는 불확실성의 연속이다. 현재 건강하다고 해서 앞으로도 건강하다고 말할 수 없고, 또 언제, 어디서, 어떻게 사고를 당할지는 전혀 모른다. 갑작스러운 사고나 질병, 또는 재해로 인하여 사망하거나 크게 다쳐서 온전한 삶을 살 수 없게 될 수도 있다. 그러다 보니 예측할 수 없는 사고, 질병 등에 대비하고 있다. 그래서 이러한 리스크에 대비하기 위해 저축이나 보험을 가입한다. 미래는 어떻게 전개될지 예측을 전혀 할 수 없기에 사실 뚜렷하게 해결할 수 있는 대안도 없다.

대부분의 창업자는 충분한 준비 없이 경영을 시작하는 경향이 있다. 경영 초기에는 제품을 만드는 것에 집중하며 제품을 잘 팔기만 하면 되는 것으로 생각한다. 그러다 제품의 선호도가 떨어지면 고객의 트렌드를 반영하여 신제품 개발에 들어간다. 그 이후 고객들의 불만 사항이 나오면 품질 관리의 중요성에 눈을 뜬다. 그리고 매출이 급격히 떨어지면 고객 관리에 대한 필요성을 깨닫게 된다.

경영을 하다 보면 신경 써야 할 일이 한두 가지가 아니다. 위기 관리에 준비가 되어 있지 않은 기업들은 돌발 상황을 극복하지 못하고 몇 년 되지 않아 문을 닫는다. 최근 한 뉴스에 따르면 국내 기업 중 절반 이상인 57%가 중장기 전략을 재검토하는 비상 경영에 전격 돌입한 것으로 확인되었다. 이에 따라 상당수 기업은 실적 악화에 이미 희망 퇴직을 받는 등 구조 조정을 진행한 상태이다. 기업은 예상하지 못한 돌발 상황이 발생하여 새로운 사업 계획을 구성해야 하는 피치 못할 시련의 시간이 찾아온다. 잘나가던 기업조차 생존을 위협받고 있는 것이 바로 현실이다. 기업은 제조 및 생산, 그리고 상품 품질 관리의 전 공정에서 발생 가능성 있는 리스크를 사전에 예방 관리하는 것이 반드시 필요하다.

리스크가 작은 일은 이익도 작다. 또한 리스크 없이는 경영도 없다. 그러나 리스크 관리는 경영자가 리스크를 무조건 예방하고 피하라는 의미가 아니다. 현재 우리 기업이 견딜 수 있는 리스크의 범위가 어느 정도인지를 정확히 파악하고 인지하고 있어야 리스크 있는 일을 시도할 수 있고, 리스트가 발생했을 때 대비할 수도 있다. 그래서 ISO 9001^{품질경영시스템}에서는 리스크가 발생했을 때 리스크의 발생 빈도수와 발생 영향도 정도를 생각해 보고 대응 가능한지 리스크 관리의 기준을 수립하여 모니터링하기를 요구하고 있다. 리스크 발생 후 과도한 비용을 들여서 관리하기보다 현재 상황을 제대로 파악하고 인식하여 수행하는 것이 중요하다. 기업은 불확실성이 높은 시기일수록 앞날을 예측하고 대비할 필요가 있다. 지금 시장은 하루가 다르게 급변하고 있다. 기업은 언제 닥칠지 모르는 리스크가 가장 큰 문제일 것이다. 그러므로 기업의 위기 관리도 한층 강화되어야 한다.

리스크는 말 그대로 위협이 된다. 그러나 리스크와 기회는 언제나 동행한다. 그러다 보니 리스크는 새로운 기회가 될 수 있다.

포스트잇으로 유명한 3M 기업의 사례이다. 3M은 강력한 접착제를 개발하던 도중 실수로 쉽게 떨어지는 접착제를 만들게 되었다. 처음에 이 상품은 아무런 쓸모가 없는 부적합 제품으로 인식하게 되었다. 그러나 이 접착제를 발라 간편하게 붙였다 떼었다 할 수 있는 메모지를 만들게 되었다. 직원들은 이 메모지를 직접 사용하면서 예상하지 못했던 사용 가치를 발견하게 되었다. 이후 포스트잇은 정식으로 상품화되었으며 현재 전 세계적으로 사용되고 있다. 3M의 포스트잇은 실패 작품을 새로운 각도로 가치를 부여하여 성공으로 이끌어 낸 대표적인 사례이다.

위기에 어떻게 대응하느냐에 따라 그것은 리스크가 되기도 하고 기회가 될 수도 있다. 기회가 다가오면 리스크의 위험을 무릅쓰고 기회를 잡아야 한다. 안전한 것만 추구하며 리스크를 피하려다 기회를 잃어서는 안 된다. 기업의 생존을 위협하는 신호를 포착하고 무엇이 위기인지 파악해 그에 걸맞은 발 빠른 대처를 할 수 있다면 그것은 기업의 미래를 좌우하는 중요한 경영 전략이 된다. 어떤 리스크든 초기에 적절히 대응하지 못할 경우 부정적 영향을 가져오기도 하지만 슬기롭게 대처하면 재정비를 통해 경쟁력을 더할 수 있다. 리스크는 예방 조치를 통해 기회로 바꿀 수 있다. 그러나 리스크 예방 관리가 되지 않는 기업들은 기회가 다가와도 잡지 못한다. 지금도 그렇지만 우리가 직면하고 있는 미래에는 과거와는 전혀 다른 경험하지 못한 위기들이 찾아올 수 있다. 그렇기에 다양한 학습과 경험을 통해 미래에 다가올 위험들을 준비해야만 한다. 위기 관리를 준비하지 않은 기업은 사라질 가능성이 크다. 품질 경영의 핵심은 곧 리스크 관리이다.

이미 판매된 제품의 하자 발생으로 인한 리콜은 기업에 커다란 리스크이다. 리콜을 위해 소요되는 시간과 비용도 크지만 이미지와 신뢰도 함께 추락하기 때문이다. 그러나 고객의 시각에서 생각해 보면 신속한 리콜은 기업에 전화위복이 되기도 한다. 경영자를 비롯해 모든 구성원이 우리 조직에서 어떤 리스크가 발생할지 그 영향력은 어느 정도일지를 예상해야 한다. 미래 시장을 어떻게 준비하고 나아가야 할지에 대해 정확히 분석하고 방향을 잡아나갈 때 주도권을 가지고 변화를 이끌어갈 수 있다.

예측은 기업의 가장 중요한 자산이다. 작은 신호들이 큰 징조를 부른다. 경영자는 작은 징후에서 큰 위험을 예측하는 능력을 반드시 키워야 한다. 사업의 규모가 확장되어 갈수록 리더는 정보에 어두워진다. 그래서 리더는 위기 관리 능력에 더 신경을 써야 한다. 오늘날 기업들은 그 어느 때보다도 위기 관리에 취약하다. 특히 중소기업일수록 리스크의 빈도와 위험성은 더 크다. 기업에 찾아올 수 있는 리스크에 대한 준비와 훈련을 통해 그 파급 영향을 미리 감지하고 관리하여 충격이 발생하더라도 신속히 회복하는 위기 대처 능력이 무엇보다 중요하다.

경영 기술보다
경영 핵심을 배워라

1950년대 국민 소득 45달러였던 우리나라는 '한강의 기적'이라고 불리며 국민 소득 2만 달러까지 눈부신 경제 성장을 이끌어왔다. 1970년대 역시 산업화는 대한민국의 열정의 산물이었다. '빨리빨리', '잘살아보세' 등 가난에서 벗어나고자 힘껏 구호를 외쳤다. 이 구호처럼 한국인의 정신력은 매우 강했다. 하지만 1997년 찾아온 IMF 경제 위기는 산업화의 성공 신화를 하루아침에 무너뜨리는 사건이 되었다. 이때부터 구조 조정이라는 말이 나왔고, 기업에는 '사오정', '오륙도'라는 말과 함께 명예퇴직을 강행하기 시작했다. 청년들은 꿈을 잃었고 정규직은 급속하게 줄어들면서 사회는 급격하게 경직화되어 갔다.

그런데 IMF를 극복하기 위해 기적 같은 일이 벌어졌다. 바로 전 국민 '금 모으기 운동'이다. 국민은 자진해서 장롱 속에 보관해두었던 돌반지, 예물 반지 등을 꺼내기 시작했다. 전 세계는 우리의 이런 저력에 감탄하였다. 결국 대한민국은 IMF를 조기 극복했다.

수많은 기업도 예기치 않게 경영 위기를 맞아 도산 직전까지 몰렸지만 직원들의 헌신적인 노력으로 부도 위기를 넘기고 다시 회생하는 불굴의 정신을 보여주었다. 가난에서 벗어나겠다는 '헝그리 정신'과 '하면 된다'는 정신력으로 경영자와 직원들이 대동단결하는 모습을 보여주었다. 이런 우리의 정신력은 경제 산업화의 성공 신화를 만들어 낼 수 있었던 원동력이 되었다.

급변하는 세계 경제 시장에서 경쟁은 더욱더 치열하다. 대기업뿐만 아니라 내실 있는 중소기업까지 한시도 마음을 놓을 수 없다. 잘 나가던 기업들이 하루아침에 추락하는 모습은 전혀 낯선 일이 아니다. 최근 항공 회항 사건은 너무나도 유명하다. 기업의 횡포에 대해 온 국민이 알 수 있도록 공개된 사례였다. 우리나라 기업에서 2세 또는 3세로 기업을 승계하는 사례가 늘어나면서 좋았던 기업 이미지를 유지하기보다 도산으로 이어지는 경우를 흔하게 찾아볼 수 있다. 기존에 뿌리 박혀 있는 묵은 관행을 벗겨낸다는 것이 얼마나 어려운 일인지, 또한 성공과 실패를 경험해 보지 못한 후계자들의 위험한 선택과 결정이 기업의 운명을 어떻게 좌우하는지를 보여주는 예라 하겠다.

기업의 경영 철학을 이어가며 새로운 혁신을 주도하는 경영자들을 찾아보기가 쉽지 않다. 과거와 다르게 정신력과 일 근육이 약해진 것도 사실이다. 심지어 설립된 지 얼마 안 되어 사라지는 신생 기업들도 주변에서 쉽게 찾아볼 수 있다. 특히 무리한 자금 투자로 사업의 다각화를 추진하거나 위험을 분산하지 않고 자기 책임 아래서 모든 것을 통제하려는 권력 남용이 실패의 주범이 되는 경우가 많다. 이들은 한순간에 무너졌다기보다는 오랫동안 쌓이고 쌓인 그릇된 기업 문화에서 출발해 실패하는 경우가 많다. 기업들이 미래를 향해 선택과 집중을 해도 부족할 판국에 경영자의 업무 과실에 발목이 잡혀 결국 사업이 망하는 것이다. 이러한 기업의 공통점은 사업의 본질을 잊어버리거나 방향과 주관이 없는 경영 관리자가 많았다는 사실이다. 이런 기업에서는 조직의 계획과 규정은 거창하나 지켜지지 않는다. 성과 목표도 없고, 중간 과정과 관리도 없고, '좋은 게 좋은 것'이라는 식의 안일주의가 팽배하다.

기업은 품질 경영을 통해 체질 개선을 해야 한다. 아무리 작은 회사라도 지속 성장하기 위해서는 경영자를 포함한 전사적인 노력이 필요하다. 기업이 안고 있는 문제들을 시스템적으로 들여다 보면 근본 원인을 제대로 파악할 수 있다.

기업에는 생명 사이클이 존재한다. 사람이 나이가 들면서 신진대사가 느려지듯이 기업도 환경의 변화 속도에 민첩하게 대응하지 못한다. 기업이 성장기가 지나 중견 기업이 되면 전반적으로 내부 경영 시스템이 점차 둔해지고 무거워지는 현상이 나타난다. 과거에 기업들은 업무의 효과적인 측면을 중요시한 시기가 있었으나 현재는 효과적인 측면 외에도 효율성에 중점을 두고 있다. 그렇다면 지금 우리 기업의 업무 시스템은 얼마나 효율적일까?

업무가 성과 중심으로 돌아가다 보면 눈에 잘 보이지 않는 효율성을 놓치는 사례들을 많이 볼 수 있다. 인증 심사로 방문한 H 중소기업의 사례이다.

현장에서 어떤 한 설비 시설에 대한 점검표를 매일 담당자가 꼼꼼히 기록한 것을 확인할 수 있었다. 일일 점검 일지를 한 명의 책임자가 일 년간 누락하지 않고 기록하고 있었다. 설비가 열 대일 때 점검 일지에 기록해야 하는 양은 한 명이 한 장의 점검표를 365일 동안, 그리고 열 대가 있으니 곱하기 10을 하면 총 3,650장을 기록해야만 한다. 성과적 측면에서 보면 누락하지 않고 기록했다면 목표를 잘 달성했다고 볼 수 있다. 그러나 효율적으로 보면 점검표의 기록만 가지고 과연 일년간 열 대의 설비 시설에 대해 정말로 잘 관리했다고 볼 수 있을까? 더 좋은 방법이 없었을까? 기업마다 환경과 여건이 다르기 때문에 어떤 기업은 효율이 좋을 수 있지만 어떤 기업은 그렇지 못할 수도 있다. 여기서 우리 기업은 어떤 환경이며 여건은 어떤지 현재 진행되고 있는 업무 방식들이 효과적이고 효율적인가를 생각해 봐야 한다. 10여 년 전의 기준을 그대로 따르고만 있지는 않은지 점검해 봐야 한다.

경영의 핵심은 우리 기업의 업무 절차들이 과연 효과적이며 동시에 효율적으로 잘 변화하고 있는지를 관리하는 것이다. 경영자는 품질 경영을 통하여 당면한 여러 가지 경영 과제를 최대한 단순화시키고 내부 자원을 효율적으로 집중시켜 자연스럽게 지속 가능한 경쟁력을 갖추어 나가야 한다.

사업 영역이 다양해지면, 업무 진행도 느려지면서 업무 프로세스 곳곳에서 병목 현상이 발생한다. 세계 휴대폰 시장의 부동 1위를 차지했던 노키아는 삼성과 애플에 그 시장을 넘겨주고 말았다. 변화의 속도에 둔감해져 기업의 혁신보다 과거의 전략을 그대로 고수해 경영의 위기를 맞이하게 되었다. 기업의 규모가 성장하면 업무 구조도 바뀌어야 한다. 경영진의 역량, 업무 프로세스의 업그레이드, 고객의 니즈 반영 등 기업이 가지고 있는 성장 동력을 지속적으로 개선해야 한다. 치열한 경쟁 속에서 살아남는 기업이 되기 위해서는 바로 ISO 9001^{품질경영시스}

템을 구축하는 것이 경영의 핵심이다. 고객의 마음을 끌어내지 못하면 기업의 정상적인 제품과 서비스의 질도 높게 평가받지 못한다. 기업은 품질 경영 아래 품질을 최우선 과제로 하며 고객 만족을 위한 경영 활동이 지속되어야 한다.

기업의 제품과 서비스의 품질은 품질 관리팀만의 노력이 아니라 ISO 9001 내에서 활동하는 모든 조직의 참여로 이루어져야 기업의 장기적인 성장을 이끌 수 있다. 그러나 기업 운영을 품질 경영 관점에서 접근하는 기업들이 흔치 않다. 경영에서 실패하지 않기를 바란다면 기업은 ISO 9001로 운영되어야 한다. ISO 9001은 일을 체계적으로 기획하고 운영할 수 있도록 가이드하고 있기 때문에 기업의 리스크를 줄일 수 있다. 즉 품질 경영의 핵심은 기업의 리스크 관리이다. 조직의 규모에 상관없이 모든 조직은 ISO 9001로 움직일 수 있다. 기업의 생존을 위해 경영 방침과 경영 목표를 세우고 실천할 때 제품과 서비스의 향상을 기대할 수 있다.

기업은 경영 환경 변화에 대응하여 기업 경쟁력을 한 단계 높여야 한다. 목표 달성을 위한 기준을 설정하고 계획에 따라 행동해야 한다. 행동한 결과에 대해 모니터링 분석, 비교 및 검토를 한 후 무엇이 잘 못되었고 잘 되었는지 평가하며, 그에 따른 적절한 조치를 실행한다. 그리고 이를 반복적이며 지속적으로 활용하게 된다면 지금보다 더 좋은 결과를 얻게 된다.

경영자들은 성장, 수익, 생산 기술, 재무 안정 등의 모든 경영 과제들을 중요시한다. 그러나 더 중요한 것은 조직이 안고 있는 실질적인 문제의 실타래를 올바른 방법으로 해결하는 것이다. 경영자는 경영 시스템을 통하여 현재 직면하고 있는 기업의 문제를 진단하고 경영 자원의 효율적 재배치를 통하여 지속 가능 경영의 성과를 이끌어내야 한다. 아무리 뛰어난 기업의 전략과 방안이 있다 할지라도 실행되지 않는다면 소용없다. 실행을 통한 기업의 성장을 위해 지금 당장 개선해야 할 것을 찾아야 한다.

기업의 우선순위가 급한 일이 되어서는 안 된다. 급한 업무는 오늘도 내일도 매일 찾아온다. 급한 일에 집중하다 보면 정작 중요한 일을 놓치게 된다. 오직 사세 확장과 수익만을 좇는다면 지속적인 성장은 이룰 수 없다. ISO 9001의 정착을 통해 조직 문화를 만들어 가는 것이 기업이 먼저 진행해야 할 우선순위이다. ISO 9001을 통해 자연스럽게 그렇게 하지 않을 수 없는 업무환경을 만들면 경영자가 원하는 성과를 쉽게 구할 수 있다.

우리나라 신생 기업의 40%가 5년을 넘기지 못한다고 한다. 가혹한 환경을 만나면 적응할 수 있는 기업만 살아남고 그렇지 못한 기업은 도태되고 만다. 기업은 끊임없이 흥망성쇠가 반복된다. 국내외 시장의 개방은 현 경제 시장에 중요한 변수로 작용하고 있으며 환경의 변화가 기업의 수명을 점점 단축시키고 있다. 과거에나 통했던 전문 기술과 정신력만으로 경영하다가는 한순간에 사라진다. 고객의 기대를 능가할 수 있는 서비스와 만족을 제공해야 살아 남을 수 있다. 기업은 ISO 경영 시스템을 실행하여 기업의 자생력을 키우며 세계 시장에서도 신뢰받는 기업으로 거듭나야 한다. 경영자는 중요하지 않은 것을 위하여 머뭇거리다 자원을 낭비하고 기업의 경쟁력을 상실할 수 있다. 성장하지 못하는 기업은 시장에서 살아남지 못한다. 내부 혁신을 통해 지속 성장 가능한 기업으로 우뚝 서야 한다. 지속적인 성장이 기업의 존재 목적이다.

SECRET
3

성공한 기업이
알려주지 않는
경영 시크릿

고객이 해주는 마케팅에
귀를 기울여라

　하루에도 수많은 회사와 자영업들이 문을 닫는다. 반대로 많은 사람이 창업과 새로운 사업을 꿈꾸고 있다. 길가에는 개업을 축하하는 이벤트를 하며 열심히 홍보하는 상가들의 모습을 볼 수 있다. 반면에 폐점을 알리는 안내문과 더불어 새로운 주인을 찾는 상가들도 눈에 띤다. 편의점만 보아도 수백 가지의 상품들이 서로의 자리를 다투며 경쟁하고 있다. 1+1이라는 스티커를 붙여서 전시된 상품도 있고, 어떤 상품은 유명 연예인들의 모습을 달고 나오는 것도 있다. 팔리는 상품은 정신없이 팔리지만 그러지 못한 상품들은 언제나 재고 정리 대상이 된다.

　백화점의 경우 20%의 핵심 고객이 전체 매출의 80%를 차지한다. 그래서 백화점은 핵심이 되는 상위 고객 20%를 집중 관리하는 정책으로 VIP^{Very Important Person} 고객 마팅을 한다. 이런 경제 현상을 반영하는 것을 파레토의 법칙^{Pareto Principle}이라고 말한다. 그러나 시공간을 초월하는 인터넷 시장이 열리면서 파레토의 법칙은 깨지기 시작했다. 세계 각지에 흩어져 있는 고객들은 대규모 온라인 시장을 이용한다. 고객들은 해외에서 직구로 필요한 제품을 구매하며 다양한 정보 매체를 통해 꼼꼼하게 비교해 보고 제품을 선택한다. 특히 디지털 공간에서는 다양한 제품과 서비스를 제공하기 위해 기업들이 홈페이지, 소셜미디어, 블로그, 동영상 등으로 고객과 끊임없이 소통하며 그들의 마음을 끌어당기고 있다. 이전 세대가 신문이나 TV 광고를 통해 정보를 습득하여 제품과 서비스를 이용했다면 지금의 소비 기준은 다른 고객의 후기나 경험, 그리고 만족도에 의해 구매를 결정한다. 고객의 선택 기준이 매우 다양화되어 가고 있으며 고객의 소비 패턴도 빠른 속도로 변화하고 있다. 이에 따라 기업은 고객의 요구를 충족시키기가 매우 힘든 시대가 되어 버렸다.

제품과 서비스를 제공하는 기업 역시 고객의 흐름에 맞추어 변화해야 한다. 예를 들어 카페를 하나 운영하더라도 고객들에게 제대로 제공할 차별화 영역을 만들어내야 한다. 신선한 원료를 고집하거나 빠른 서비스의 제공, 또는 아늑한 실내 분위기로 감성을 자극하는 마케팅 등 카페 운영을 시작할 때 주력하고자 하는 핵심 가치를 명확히 하지 않으면 초기부터 과도한 투자를 했더라도 고객을 만족시킬 수 없다. 기업은 고객의 목소리에 초점을 맞추어 서비스 영역을 확장하고 고객 감동을 우선으로 생각해야 한다. 고객의 유형과 취향에 맞춘 제품과 서비스를 제공할 때 고객을 만족시킬 수 있다. 경영의 최고 무기는 바로 고객 감동이다.

고객은 여러 가지 방법으로 감정을 표현한다. 자신의 감정 신호를 보내온다는 것은 지속적인 관계를 유지하고 싶다는 의미이다. 재구매에 대한 니즈가 없는 고객은 신호를 보내기보다 말없이 사라진다. 우리 내부 조직들이 고객의 신호를 무시하고 무뚝뚝한 태도로 고객을 대하고 있지 않은지 되돌아보아야 한다.

조직은 고객의 이탈을 예방하기 위해서 항상 고객의 목소리에 관심을 가지고 주의 깊게 살펴야 한다. 불만을 호소하는 고객의 심리는 인정받고 이해받기를 원하며 자신의 이야기를 들어 주길 바라는 메시지를 담고 있다. 불만을 제기하는 고객은 기업의 성장을 도와주는 고마운 존재라는 사실을 잊어서는 안 된다. 그들의 필요나 불만을 공감하고 이해해 줄 때 오히려 그들은 충성 고객이 되어 기업을 홍보하고 이익을 가져다 준다. 간혹 내부적으로 제품과 서비스에 문제가 발생했을 경우 교환이나 환불을 요청하는 고객에게 냉담하게 대처하거나 늑장 대응하는 일이 발생한다. 고객이 불만을 제기했을 때 고객의 속상한 마음을 이해하기보다 먼저 고객의 과실 유무를 확인한다면 고객은 두 번 다시 찾아오지 않는다. 아무리 사소하더라도 고객의 불만이나 고객의 문제 제기를 제대로 수용하지 않는다면 시간이 흘러 불만은 눈덩이가 되어 돌아온다. 기업은 고객 만족 서비스를 제공하기 위해서 고객 설문 조사나 고객의 불편 사항, 제품 서비스 만족도를 파악하고 수집한 데이터들을 정보화된 문서로 보유하여야 한다. 이렇게 수집된 정보를 기반으로 하여 기업은 고객의 취향이나 관심 사항을 정확하게 파악할 수 있다.

고객은 누구나 제품과 더불어 질 좋은 서비스를 받고자 하는 욕구가 있다. 고객의 불만과 비난은 기업의 생존과 성장에 마중물 역할이 되어 준다. 기업은 고객의 목소리에 귀를 기울이고 공감해야 한다. 그리고 그것을 만족시켜주기 위해 다양한 시도를 해야 한다. 고객은 기업으로부터 배려와 존중을 받았다는 생각이 들 때 다시 찾아온다. 사소해 보이는 것일수록 한 번 더 점검하고 대비해야 한다. 경영은 고객의 필요를 파악하고 이해하는 것이다. 조직은 고객의 언어를 이해해야 비로소 고객 만족 경영을 실천할 수 있다.

새로운 형태의 소비자가 등장했다. 바로 슈퍼 컨슈머^{Super Consumer}이다. 슈퍼 컨슈머는 인터넷, 스마트폰 등 디지털 기술을 익숙하게 활용하는 세대이다. 특히 이들은 지금의 밀레니얼 세대가 중심이 된다. 기존의 디지털 환경에서는 고객이 직접 주도적으로 제품과 서비스를 탐색하고, 목적, 필요성, 브랜드 등의 조건들을 비교하여 결정하며 결제까지도 본인이 모두 수행해 왔다.

그러나 슈퍼 컨슈머들은 새로운 방식의 소비 문화를 주도하고 있다. 슈퍼 컨슈머는 탐색에서부터 인공지능(AI)의 도움을 받아서 찾고 판단하고 결정하며 효율성이 높은 소비를 지향한다. 슈퍼 컨슈머는 인터넷과 업무에 필요한 각종 기기 작업 공간만 있으면 시간과 장소에 구애받지 않고 언제든지 쇼핑할 수 있다. 신유목민, 즉 디지털 노마드^{Digital Nomad} 역시 인공지능(AI)과 공생하며 살아가는 고객들이다. 기업은 고객들의 행동 변화를 빠르게 읽고 이에 따라 고객 대응 전략도 바꾸어야 한다.

디지털 시대의 고객은 전통적인 방식으로 대량 생산된 똑같은 제품을 선호하지 않는다. 고객들은 자신의 개성을 드러낼 수 있는 자신만을 위한 맞춤 제품과 서비스를 요구한다. 더불어 고객은 자신의 소비 경험을 SNS를 통해 기록하고 다른 사람과 공유하면서 더 높은 만족도를 지속적으로 경험하기를 원한다. 기존에 자신이 선택한 기업에 적극적으로 자신의 의견을 어필하고 심지어 기업의 파트너가 되어 다른 고객들에게 기업 홍보까지 더해준다. 기업은 고객보다 팬^{Fan}을 먼저 만들어야 한다. 이런 팬덤^{Fandom} 고객들이 많은 기업일수록 경쟁력을 확보할 수 있다.

고객은 더 좋은 제품과 서비스가 생기면 언제든지 떠날 준비가 되어 있다. 기업은 고객들의 마음을 돌리고 충성 고객을 확보하기 위해 노력해야 한다. 기업의 생존 전략은 고객이 보내주는 마케팅에 답이 있다는 사실을 알아야 한다.

많은 기업이 고객이 원하는 상품을 제대로 만들어내지 못해 시장에서 사라져가고 있다. 그 이유는 고객 만족을 위한 마케팅에 실패했기 때문이다. 모든 경영자가 고객이 중요하다는 것을 알고 있다. 그러나 아는 것을 적극적으로 반영하여 행동으로 옮기기가 쉽지 않다. 아무리 질 좋은 제품이나 뛰어난 기술을 가지고 있더라도 고객이 원하지 않으면 그 기업은 한순간에 추락할 수밖에 없다. 고객이 원하는 것을 신속하게 제공하지 못하면 그들은 다른 곳으로 발걸음을 이동한다. 기업은 반드시 고객 만족을 이끌어낼 수 있는 제품과 서비스를 제공해야 한다.

또한 고객은 대가를 지불한 제품과 서비스를 당장 손에 넣길 원한다. 고객의 마음은 언제나 빠르게 움직인다. 기업은 고객들이 다른 플랫폼으로 갈아타지 않도록 고객의 니즈를 빠르게 해결해 주어야 한다. 고객은 절대 기다려 주지 않는다. 고객의 욕구를 제대로 이해하고 빠르게 해결할 수 있는지 여부에 따라 기업의 운명이 달라진다.

업무를 독점하지 말고
공유하라

    삼성경제연구소에서 직장인을 대상으로 조사한 내용이다. '기업의 소통을 가로막는 장벽이 무엇인가?'라는 질문에 '자기 이익만 추구하는 개인주의와 부서 이기주의'라는 대답이 32.1%가 나왔다. 사람이 모여 있는 곳은 어디서든지 갈등이 존재한다. 특히 조직 생활을 하는 기업에서 동료와의 갈등, 그리고 부서 간 이기주의는 기업의 성장을 가로막는 가장 큰 장애물이다.

    C 제조기업의 사례이다. 디자인부 A 팀장은 마케팅팀으로부터 긴급한 업무 요청을 받았다. 새롭게 출시하는 신제품의 명칭이 변경되어 이달 말까지 다시 제작해 달라는 내용이었다. 기존 내용도 바뀌었을 뿐만 아니라 세부적인 사항들의 수정을 많이 요구하였다. A 팀장은 깊이 고민해 봤지만 팀원 전체가 집중한다 해도 기한 내에 이 업무를 끝내기는 불가능해 보였다. 마케팅팀으로부터의 갑작스러운 스펙 변경 제안은 한두 번이 아니었다. 마케팅 팀장에게 업무 조율을 요청해 보았

지만 서로 감정만 상하고 해결되지 않는다. 심지어 영업팀에서는 고객들과 약속한 기한이 있기 때문에 최대한 신제품 출시를 서둘러 달라고 마케팅팀에 재촉한다. 마케팅 팀장은 밤새워 근무하고 있으나 마감날까지는 제품 출시가 어렵다고 말한다.

신제품의 출시는 전사적으로 매우 중요한 일이라는 것을 알고 있다. 그러나 정작 서로를 배척하는 문제들이 빈번하게 발생하고 자기 부서의 불편 사항만을 호소하며 적극적으로 협조하지 않는다. 부서마다 다른 사업 부서와 협력을 회피하고 내부 이익만을 추구하는 폐쇄적인 의사소통을 하고 있다. 기업에서 부서 간에 서로 경계하며 각자 부서의 성과에만 몰두하다 보면 업무의 진행 상황은 늦어지고 고객과의 약속은 이행되지 않아 신뢰를 떨어뜨릴 수 있다. 지속적인 성과를 내기 위해서는 부서 간의 상호 밀접한 협력이 매우 중요하다. 지나칠 정도로 부서 간에 소통이 단절되고 갈등이 더 심화된다면 업무의 효율성은 떨어진다.

대한민국 선두를 달리는 화장품 유통 기업인 B 사는 매년 급격한 성장을 거듭하여 2개의 사업부에서 7개의 사업부로 규모를 확장하였다. 그런데 기업이 이처럼 커지다 보니 조직들은 기업 전체를 생각하기보다는 자기 부서 입장만 고려하는 성향이 강해졌다. 조직들은 기계 부속품처럼 자신이 맡은 업무에만 몰입한다. 해당 부서 업무 외에는 관심을 가지려 하지도 않고 서로 잘 알지도 못한다. 심지어 부서 간 협업으로 이루어지는 단기 프로젝트를 진행한 후 원하는 성과가 나오지 않으면 다른 부서 탓이라며 책임을 전가한다. 그러다 보니 부서 간의 오해와 갈등이 심해져서 업무의 공유는 더 어려워진다. 기업에 문제가 발생하면 조직은 결속력보다는 오히려 개인주의가 더 팽배해지면서 모래알처럼 흩어진다. 이런 경우 기업은 조직 간의 신뢰도 무너질 뿐만 아니라 업무의 효율성도 떨어진다. 조직이 전체의 목표를 제대로 의사소통하지 않으면 부서 간의 교류는 더욱 어려워진다. 경영자는 이럴 때일수록 부서 간 업무의 조화를 이루며 협력할 수 있게 조직 분위기를 만들어주어야 한다.

특히 기업 내부의 의사소통에 문제가 생기면 '내가 아니면 이 문제를 해결할 수 없다.'는 특권 의식을 갖고 정보를 공유하지 않는 세력들이 존재한다. 그러나 기업은 특정 개인에 의해 의사 결정이 이루어져서는 안 된다. 그래서 기업은 특정 사람이 아닌 경영 시스템으로 운영되어야 한다. 필자는 기업 컨설팅을 하거나 ISO 경영 시스템 인증 심사 시 경영자에게 문서화된 정보 유지와 보유에 대하여 매우 강조하고 있다. 기업은 사람이 바뀌어도 시스템은 유지되어야 하기 때문이다. 기업은 부서 간 또는 개인이 업무를 독점하지 않도록 주의하고 각자의 업무 프로세스를 공유할 수 있도록 경영 시스템을 만들어야 한다. 또한 기업의 지적 자원이나 물적 자원을 특정 한 사람에게 위임해서는 안 된다. 그러기 위해서는 무엇보다도 조직의 공통된 목표 설정이 필요하며 부서 간의 협력이 더 중요하다.

경영자는 개인 또는 한 부서가 업무를 독점하지 않는 문화를 만들기 위해 기업의 목적과 가치를 조직에게 명확하게 전달해야 한다. 이런 기업은 조직의 결속력이 강해질수록 기업이 추구하는 목표를 달성할 확률이 높아진다. 기업 전체의 목적을 이해하고, 부서별 그리고 개인의 목표를 설정함으로써 다른 부서들과 경쟁자가 아닌 공동의 가치를 나누는 조직 문화를 만들 수 있다. 각자의 업무와 책임 범위를 정하여 성과에 대한 보상 기준을 설정하고 지나친 경쟁 문화를 조성하지 말아야 한다. 그리고 기업의 목표와 가치를 이루기 위해 각 조직의 역할과 자원을 배분하고 체계적으로 관리할 수 있어야 한다. 또한 조직원들이 직무에 대한 인식과 책임감을 가질 수 있도록 지속적인 교육 훈련을 진행하는 것은 매우 중요하다. 현재 구성원들 간의 입장을 파악하고 그동안 쌓아두었던 부서 간의 오해와 감정 대립 관계를 풀어주며 서로를 이해하고 공동의 목적을 공유하여 모두가 성장할 수 있는 조직의 문화를 조성해야 한다. 경영자는 기업 내부의 원활한 소통이 가능한 환경을 제공해 주어야 한다. 기업 내 원활한 소통의 환경을 제공하는 것은 경영 목표 달성을 지속적으로 이끄는 원동력이 될 수 있다.

또한 경영자는 스스로 업무를 독점하지 말아야 한다. 조직은 실무적인 내용을 가지고 경영자와 이야기를 나누려 하지만 의견이 수용되지 않으면 대화가 단절된다. 대부분의 리더가 범하는 조직 관리의 문제점이다. 대다수의 리더가 조직원과 소통하고 있다고 생각하지만 사실 불통의 현장이 될 수 있다. 그 이유는 리더의 소통이 즉흥적이거나 형식적이기 때문이다. 결국 경영자는 기업에 꼭 필요한 인재가 떠나가면 그제야 급하게 해결책을 찾으려고 한다. 하지만 소 잃고 외양간 고치기에는 어려울 정도로 업무 현장은 빠르게 변화하고 있다. 리더가 모든 일을 혼자 결정하고 처리하려고 하려다 보면 조직원들은 더 이상 어떤 의견도 내지 않는다.

리더 혼자 업무를 독점하면 조직원들은 책임 의식에서 멀어진다. 경영자는 여유를 갖고 조직원들이 어떤 의견이 있는지 확인해야 한다. 리더가 중요한 정책을 결정할 때 조직원들의 의견을 충분히 반영하지 않으면 조직원들은 단순히 구경꾼이 되며 업무에 최선을 다하지 않는다. 리더 혼자 모든 일을 결정하면 조직원들은 침묵으로 머물고 리더는 곱절로 더 많은 일을 해야 한다. 경영자는 조직의 역량을 이끌어내기 위해서라도 반드시 업무를 공유해야 한다.

조직원은 자신이 의사 결정에 참여할 때 업무에 대한 강한 동기를 얻어야 책임감이 발동한다. 모든 업무가 제대로 완성이 되려면 전체 조직원이 협력해 영향력을 발휘하여야 한다. 조직원들이 업무의 의사 결정에 적극적으로 참여할 때 기업의 역량도 발휘된다.

경영자는 기업의 비전을 담은 조직 문화를 구축하기 위해 조직원들과의 진정성 있는 의사소통을 해야 한다. 조직 모두가 마음껏 일할 수 있는 건강한 조직 문화가 구축되어야 부서 간의 협업을 이끌어낼 수 있고 기업의 비전을 현실로 이룰 수 있다. 경영자는 조직원들이 자신의 업무에서 보람을 느끼고 성장할 수 있도록 기회를 제공해야 한다. 조직은 자신이 하는 일이 기업의 성장에 기여한다는 사실을 인정받기를 원한다.

기업의 업무는 리더 또는 부서별로 독점하지 말고 전사적으로 공유해야 한다. 경영자가 모든 문제에 대한 해답을 지니고 있지 않기 때문이다. 그보다는 조직의 강점을 명확히 알고 그것을 철저히 일관되게 공유하고 시스템으로 관리하는 것이 리더가 해야 할 일이다. 리더는 부서별 강점으로 업무를 상호 보완할 수 있게 팀을 꾸려야 한다. 리더

는 조직이 가진 것 이상의 능력을 끌어내야 한다. 리더는 조직의 존재
감을 인정해주고 지속적인 교육 훈련을 통해 인재를 육성해야 한다.
조직의 결속력이 기업의 가장 큰 자산이 된다.

최고의 인재보다
최적의 인재를 찾아라

　결혼을 앞둔 자녀를 둔 부모에게 자녀의 혼사 조건을 물어보면 집안도 좋아야 하고 인물도 있어야 하며 성격은 물론이며 건강까지 모두 완벽한 결혼 상대를 찾기 원한다. 그러나 완벽한 배우자는 세상에 존재하지 않는다. 아무리 최고의 결혼 상대를 만난다고 해도 자녀의 행복까지 완전하게 보장할 수는 없다. 기업도 이와 마찬가지이다. 세상에 완벽한 인재는 존재하지 않는다. 사람의 잠재력과 능력을 처음부터 알아볼 수는 없다.

　최근 대기업 L 사의 채용 경쟁률은 250:1이었다. 면접을 보는 임원들조차 입사 지원자들의 화려한 스펙에 깜짝 놀랐다. 서류 심사를 거쳐 면접까지 올라온 지원자들은 이미 면접 스터디로 단련되어 어떠한 상황에서도 당황하지 않고 자신감 넘치게 면접에 응하고 있었다. 면접관들은 이들 중에서 옥석을 가리기가 어려웠다. 최고의 인재를 뽑고 싶은 심정은 모든 경영자의 마음이다. 하지만 우리 기업에 적합한 최적의 인재를 뽑는 일은 결코 쉬운 일이 아니다. 리더는 250:1의 면접을 뚫고 들어온 신입사원에 대한 기대가 크다. 그러나 그들은 막상 일을 배우면서 초심과 다르게 진행되는 업무를 경험하면서 좌절을 맛보기도 한다. 뛰어난 스펙을 가진 신입사원이라도 자신에게 다가오는 새로운 업무가 그렇게 만만하지 않다. 훌륭한 인재를 뽑았다고 해도 모든 면에서 뛰어날 것이라는 기대는 내려놔야 한다. 아무리 뛰어난 인재라고 해도 한가지 역량을 익히고 개발하는 데 그만큼 엄청난 시간과 에너지가 요구된다. 우리 기업에 적합한 인재는 하루아침에 만들어지지 않는다.

우리는 전문적인 지식이나 경험이 있는 사람, 또는 어떤 일을 추진할 때 그 일을 충분히 수행할 수 있는 능력을 갖춘 사람을 인재라고 말한다. 그러나 풍부한 지식과 다양한 경험이 있어도 정작 우리 기업에 적용되지 않는다면 더 이상 그들을 최고의 인재라고 말할 수 없다.

"가장 지적인 종이 살아남는 것도 아니다.
변화에 가장 빨리 적응하는 종이 살아남는다."

찰스 다윈의 말이다. 이처럼 전문 분야에 대해서 뛰어난 능력이 있어도 변화에 적응하지 않으면 인재라고 할 수 없다. 기업은 최고의 인재가 아닌 최적의 인재가 필요하다. 최적의 인재는 변화에 능동적으로 적응해 나가는 인재를 말한다. 하나의 분야에 대해서 남들이 넘보지 못하는 그런 실력을 갖추고 있는 인재가 아닌 우리 기업의 변화에 능동적으로 유연하게 자신을 바꿔 나갈 수 있는 최적의 인재가 필요하다. 다양한 분야를 섭렵할 수 있는 융합적인 사고를 지닌 인재, 그리고 변화에 적극적으로 자신을 바꿔 나갈 수 있는 인재가 필요하다.

　M 회사의 영업 실적이 높은 S 부장은 실적이 급감한 영업 2팀으로
발령을 받았다. S 부장은 3년간 온갖 노력을 기울였으나 영업 2팀의
실적은 회복되지 않았다. 직원들이 수시로 바뀌는 상황에서 조직 분위
기가 점점 나빠지더니 직원들이 줄줄이 퇴직 신청을 하였다. 높은 실
적을 자랑하던 S 부장도 극심한 무력감에 빠져 함께 지쳐가고 있었다.
　기업의 가장 큰 비용 손실은 바로 조직원의 이탈이다. 조직원의 열정
이 식는 데에서 발생하는 부정적 효과를 정량적으로 정확하게 환산할
수는 없겠으나, 이 또한 기업의 낭비 비용이 아닐 수 없다. 이럴 때일수
록 경영자는 기업의 목적과 사명을 명확하게 만들고 단합이 되는 조직
문화를 이끌기 위해 노력해야 한다.
　이런 경우 경영자는 외부에서의 인재 영입보다 내부의 인재 육성에
초점을 맞추어야 한다. 경영자는 정밀하고 체계적인 방식의 교육 훈련
프로그램을 갖추어 조직의 역량이 발휘되고 성장할 수 있도록 지원해
야 한다. 경영자는 열린 마음으로 조직을 진심으로 격려해주고 칭찬해
주어야 한다. 높은 공감은 조직원들의 사기를 올릴 수 있다. 리더는 자
신이 얼마나 성장하느냐보다 조직원들을 얼마나 성장시키느냐에 초점
을 맞추어야 한다. 리더의 성장을 위해 자신이 이용당한다는 감정을
느끼면 조직은 더 이상 리더에게 매력을 느끼지 못한다. 리더는 조직원
들의 삶에 가치를 더 높여 주어야 한다. 기업의 성과를 이끌기 위한 핵
심적인 요소는 바로 조직과 비전을 공유하는 것이다. 조직원들에게 개
인적으로 달성하고 싶은 목표가 무엇인지 확인해야 한다. 조직 개개인
이 가진 목표와 조직의 전체 목표가 일치되어야 기업의 발전을 위해 조

직원들도 적극적으로 협조한다.

기업은 성과를 창출해야 한다. 그것도 단기 성과가 아닌 지속적인 장기 성과를 창출해야 한다. 그러기 위해서는 조직으로부터 잠재되어 있는 에너지를 이끌어낼 수 있어야 한다.

기업 전체의 성과를 높이는 가장 좋은 방법은 부서 간의 갈등을 해결하고 조직 활동에서의 성취감과 자존감을 높여주는 것이다. 구성원은 조직 활동을 통하여 사회성을 익히고 협력을 배운다. 개인의 독창성과 창의력은 기업의 성장 동력이 되지만, 지금의 기업 환경에서 가장 중요한 핵심 역량은 바로 팀워크이다. 팀워크는 가치 있는 결과를 만들어내는 공동의 작업이다. 조직은 동료들과 더불어 더 생산적인 결과물을 만들며 함께 성장해야 한다. 팀워크는 기업의 경영 시스템과 전략을 통합하여 업무의 효율성을 올려주며 기업의 독보적인 가치를 창출해 준다. 변화의 속도가 빨라지고 경쟁은 치열해지는 시대에 제품에만 초점을 맞추기보다 관계에 기반을 둔 기업으로 변화를 시도해야 한다. 개인과 각 부서가 서로 고립된 채 일을 해서는 안 된다. 조직 개개인과 부서들이 자체적인 시스템과 기술을 따로 개발하게 되면 내적인 경쟁과 이견을 키우게 된다. 그래서 조직이 커질수록 팀을 이루어 일하는 것은 매우 중요하다. 팀 단위로 이루어지는 기획과 운영을 구축해야 기업의 정체 상태를 막을 수 있고 창조적인 활동의 힘이 발휘될 수 있다.

조직은 팀의 공동 목적과 연결된 구체적인 성과 목표를 가지고 있어야 한다. 예를 들어 제품의 생산량을 평상시의 두 배로 늘린다고 해보자. 공동의 목표는 조직원들에게 도전 의식을 불어넣는다. 조직원들은 목표 달성을 위해 집중하게 된다. 공동의 목적을 이루기 위한 구체적인 개인의 목표가 있을 때 계획을 잡고 자발적으로 움직이게 된다. 그러나 목표 의식이 없으면 조직은 업무의 노예가 된다. 공동의 목표가 있을 때 조직은 일을 해내기 위한 책임감을 느끼면 참여 의식이 발동한다. 조직은 자신이 기여할 수 있는 일을 할 때 공통의 결과물을 확고히 얻기 위해 적극적으로 참여한다. 리더에게만 책임을 지우는 것이 아니라 조직원 각자에게 책임을 지우는 것도 중요하다. 처음부터 필요한 스킬과 기능을 모두 갖추고 있는 인재는 드물다. 도전 과제를 수행해가며 필요한 능력을 개발해 나갈 때 최적의 인재를 만들 수 있다.

경영자가 자리를 비워도 기업은 운영되어야 한다. 그러기 위해서는 조직의 성장에 집중하고 인재 육성을 위한 경영 시스템을 갖추어야 한다. 조직에서는 오로지 지속적인 교육과 훈련의 축적으로 기업에 필요한 탁월한 인재가 만들어진다. 기업에 필요한 인재들이 양성되지 않으면 기업이 성장하고 규모가 확장되었을 때 기본 골격이 약해 언제든지 무너질 수 있다. 기업에 필요한 인재를 발굴하고 육성하는 것이 조직의 일에 대한 존재감과 자부심을 부여할 수 있다.

개인의 성장이 모여 팀의 성장이 된다. 팀의 성장이 모여 기업의 성공을 이끈다. 그러기 위해서는 경영자와 조직이 서로를 신뢰하는 안정된 조직 문화를 형성하는 것과 개인의 능력과 영향을 인정하는 조직 분위기가 필요하다. 배움을 통해서 성장하고 있다는 것을 조직원들이 스스로 느낄 때 기업에 대한 충성심이 생기게 된다. 경영자는 조직원들의 열린 사고와 도전 정신을 깨워 줄 때 조직원들의 업무 효율 역시 상승한다. 일을 즐겁게 할 수 있는 조직 문화를 만들어주는 것이 기업 성과를 이끄는 출발점이다. 경영자와 조직이 한마음으로 함께 일해야 한다. 최고의 인재를 기다리지 말고 기업의 성장을 이어 갈 수 있는 최적의 인재를 만들어라. 인재의 영입보다 인재의 육성이 기업의 승패를 좌우한다. 기업의 최고 자산은 경영자와 함께 하는 조직이다. 성장하는 조직이 기업을 바꿀 수 있다.

의사소통은
조직 관리의 핵심이다

"나 때는 말이야 상사의 지시라면 무조건 예스맨으로 근무를 했어. 요즘 젊은 직원들은 비싼 소고기를 사줘도 사장 말을 안 들어."

한 경영자의 하소연이다. 리더의 입장에서 다양한 개성을 지닌 조직원들과 함께 일한다는 것이 결코 쉬운 일은 아니다. 과거에 수많은 리더가 조직원들의 마음을 얻기 위한 최고의 수단으로 보상금을 지불했다. 그러나 지금의 밀레니얼 세대는 다르다. 이 세대는 급여와는 상관없이 자신만의 시간과 여유를 갖기를 원하거나 자기계발을 위해 지원을 아끼지 않는 기업들을 선호한다. 리더의 말이라면 법이었던 과거와 달리 지금은 조직원들이 자기 생각을 확실하게 표현한다.

성과가 나오지 않는 조직의 문제점은 바로 의사소통이 명확하지 않다는 것이다. 예를 들어 영업팀이 영업 성과를 위해서만 움직이고 외부 환경의 이슈를 내부 부서에 전달하지 않는다면 기업은 높은 비용을 지불하여 외부의 정보를 탐색해야 한다. 영업팀은 조직을 위해 끊임없이 내부에서 알 수 없는 고객 요구 사항과 시장의 변화를 조사하고 지속적으로 내부로 전달해야 한다. 만약 외부의 정보가 우리 조직의 환경과 제품에 잘못된 영향을 미친다면 조직이 내리는 결과에 상당한 리스크가 찾아온다. 반대로 영업팀이 우리 제품의 개선점을 지속적으로 요청하는데 연구개발팀에서 협조하지 않으면 자사 제품에 대한 신뢰도는 떨어질 수밖에 없다. 영업팀은 고객 앞에서 우리 제품이 경쟁사 제품보다 우수하다고 자신 있게 말할 수 없다. 전사적으로 기업의 제품과 서비스에 대해 다양한 정보를 정확하게 공유하여야 한다. 예를 들어 영업팀은 안 된다고 하는 기능이 연구개발팀은 된다고 하는 기능이 있다. 반대로 영업팀은 된다는 기능이 연구개발팀은 안 된다고 하는 경우가 있다. 조직 간의 내부 소통의 부재가 낳은 결과이지만 아직도 수많은 기업이 내부 의사소통의 문제를 끌어안고 있다. 우리 조직 모두가 외부로는 고객의 요구 사항을 분석하고 내부로는 정확한 의사소통을 통해 품질을 개선해 나간다면 고객과 대응하는 영업팀의 태도도 적극적으로 변화되고 성장할 수 있다. 기업이 건강하게 성장하기 위해서는 공동의 목적과 목표를 공유하며 함께 힘을 모아 건설적인 의사소통을 해야 한다.

기업에 중요한 또 하나의 의사소통 채널은 바로 경영자의 피드백이다. 경영자들은 "우리 기업에 딱 나 같은 사람 한 명만 더 있었으면 좋겠다."며 불만을 토로하는 경우가 있다. 중소기업 경영자는 조직의 역량에 대해 많은 고민을 하고 있다. 이런 경우 경영자의 진정성이 느껴지는 피드백이 오히려 조직원들을 튼튼하게 성장시킬 수 있는 기회가 된다. 경영자가 조직원과의 의사소통에 대한 책임을 다하지 못하면 조직은 실패를 반복한다. 경영자의 피드백 부재는 조직의 생산성을 떨어뜨리며 실패를 되풀이하는 원인이 될 수 있다. 조직은 실패한 후에 무엇 때문에 실패했는지에 대한 원인 분석 후 시정 조치가 이루어져야 한다. 경영자의 피드백은 조직과 기업의 성장을 위해 반드시 이루어져야 한다.

경영자는 조직 모두가 함께 해결해야 할 문제에 공감하고 최상의 결과가 나올 수 있도록 협력할 수 있는 조직 문화를 만들어주어야 한다. 조직원들 간에 업무의 성과와 경험들이 소통되면 결정적인 순간에 성공 노하우를 발휘할 수 있다. 이것이 바로 기업의 지적 자산이다.

의사소통이 어려운 조직은 중요하지 않은 업무에 시간과 자원을 낭비하게 되며 조직원들은 허탈감과 상실감을 경험한다. 심지어 기업에 대한 고객의 신뢰도 바닥으로 떨어진다. 경영자는 지속적인 피드백을 통해 다음의 실패를 줄이는 현명한 대처가 필요하다. 누구보다도 경영자는 업무의 전체 흐름을 가장 잘 파악하고 있으며 실전 경험을 통한 노하우도 가장 많이 알고 있다. 경영자는 조직원들의 업무에 대해 정기적으로 보고를 받고 정확한 피드백을 주어야 한다. 경영자는 팀의 목표, 역할 분담, 행동 계획을 명료하게 하며 조직과의 의사소통이 꾸준해야 하고 일관성이 있어야 한다.

잘못된 리더십과 유연하지 못한 조직 문화 때문에 무너진 기업들이 수없이 많다. 의사소통의 부재는 오해를 낳고 팀워크를 깨뜨린다. 기업은 치열한 경제 시장에서 살아남으려면 끊임없이 성과를 내야 한다. 그런데 함께하는 조직이 리더의 마음처럼 따라주지 않는다면 전진하기 어렵다. 의사소통이 원활한 조직 문화를 만들기 위해서는 경영자가 먼저 신뢰를 형성하고 조직원에게 심리적인 안정감을 보장해 주어야 한다.

조직의 심리적인 안정은 소속감에서 출발한다. 경영자는 내부의 조직원들이 최대한 편안한 마음으로 자신의 업무에 매진할 수 있도록 최선의 환경과 분위기를 조성해야 한다. 신뢰와 안정은 조직 성장은 물론이며 기업의 성장에도 큰 영향을 준다. 리더십은 조직이 안고 있는 모든 과제에서 서로 간에 균형을 유지하며 성공적으로 조직 성장을 이끌어 주는 것이다. 문화가 같다고 느낄 때, 또는 비슷한 문화를 선호하는 사람이라는 생각만 가져도 마음이 쉽게 열린다. 스포츠, 레저, 독서 모임과 같은 문화에 대한 공감을 통하여 상대방을 이해하게 되고 자연스럽게 서로의 마음이 하나가 된다. 서로의 문화가 다르거나 문화가 단절되었다고 느낄 때 소통의 어려움이 발생하며 이로 인해 오해가 찾아오기도 한다. 경영자는 일하는 조직원들과 지속적으로 교감을 나누어야 한다. 리더는 조직원들과 얼굴을 마주 보며 이야기하는 시간을 많이 만들어서 소통하는 시간을 가지는 것이 가장 좋다. 속마음을 이야기할 수 있는 분위기를 만들어서 조금씩 자신들이 느끼는 감정들을 교류하는 조직 문화가 조성되어야 한다.

인체 시스템이 커다란 유기적인 관계이듯 조직도 하나의 유기체이다. 그런데 개별적으로 행동하는 것은 에너지를 분산시키는 일이다. 각 조직의 성과가 모여야 기업의 결실이 된다. 조직의 성장이 기업의 성과로 연결이 되며 기업의 성과는 곧 성공 기업으로 가는 지름길이다.

경영자는 개인의 능력과 영향을 인정하고 조직을 신뢰할 때 끊임없이 성장하는 조직을 만들 수 있다. 성공 기업에는 보이지 않는 강력한 긍정의 에너지가 존재한다. 조직 문화란 그렇게 행동하지 않으면 안 될 것 같은 조직의 분위기를 의미한다. 끊임없이 조직과 의사소통해야 지속적인 기업의 성과를 이끌어낼 수 있다.

기업은 여러 조직원의 집합체다. 조직 전체가 한뜻으로 공동의 목표를 향해 매진하기 위해서는 먼저 경영자를 중심으로 기업의 경영 철학과 경영 목표, 핵심 가치, 실행 방안을 명료하게 하고 의사소통해야 한다. 조직을 이끄는 책임자나 기업을 이끄는 경영자의 책임은 끊임없이 성과를 내는 최상의 조직을 만들어야 한다는 것이다. 의사소통이 원활한 조직 문화를 만들면 경쟁 우위로 자리 잡을 수 있다. 우리 기업에 건강한 조직 문화를 만든다면 비즈니스에서 최고의 성장 기회가 될 것이며 시장 판도가 바뀔 수 있다. 의사소통이 원활한 조직 문화가 기업을 살린다.

함께 가라
그것이 기업의 성공 비결이다

유대인은 세계적으로 우수하고 창의적인 민족으로 손꼽힌다. 이들은 수천 년 전부터 가정과 학교에서 질문과 토론 문화를 가르치고 습관화시킨다. 질문하고 그 질문에 대한 답을 찾는 과정을 통해 문제 해결 능력을 키우고 서로 질문하고 대답하면서 경청과 의사소통 능력도 키워나간다. 이런 과정을 통하여 상대방을 이해하며 더불어 올바른 가치관과 인성을 키운다. 유대인들이 주목받는 이유는 바로 그들의 공동체 정신에 있다. 유대인은 개인보다 공동을 중시하며 서로 돕는 협동 정신이 매우 강하다. 세계 경제의 큰 흐름을 움직이는 그들에게 배울 점은 바로 단합력이다.

우리나라 과거의 업무 방식은 탁월한 특정 개인이나 소수의 집단에 과제의 목표를 정해주고 그들이 전체 조직을 책임지게 하는 비즈니스 형태이다. 그러나 앞으로는 개인의 창의성은 더 이상 경쟁력을 갖기 어렵다. 특정 소수 자원의 창의성에는 한계가 있기 때문이다. 지금 이 시대는 서로 다른 전문성이나 분야가 경계를 뛰어넘는 융합의 시대이다. 개별적인 창의성에 의지하는 것이 아니라 여러 사람의 아이디어와 생각들이 시너지 효과를 일으켜 독창적인 결과물을 만들어내는 시대이다. 경영자는 사업을 운영할 때 정보 부족이나 인적 네트워크의 한계에 부딪히는 경우가 많다. 하지만 조직과의 협업은 서로 다른 영역의 지식과 경험들이 합하여 새로운 가치를 만들어낼 수 있다.

세계 최고의 기업들이 성공하는 비결은 창의적으로 토론하고 협업하는 기업 문화로부터 시작된다. 예를 들어 애플, 구글 조직들은 프로젝트를 진행하게 되면 모두 함께 모여 열띤 토론부터 시작한다. 창의성을 키우는 방법은 다양한 관점과 방향으로 질문을 던지는 것이다. 서로 다른 영역을 배려하며 존중하는 문화를 기반으로 할 때 성공적인 협업이 이루어진다. 협업 중심의 토론에서는 과제를 창의적으로 해결할 수 있는 최상의 아이디어를 탐색하는 것에 매진한다. 효과적인 해결책이 무엇인지 서로 질문하고 토론하여 구체적인 결론을 내린다. 토론 후 해야 할 일의 목록이 정해지면 각각의 일을 잘할 수 있는 조직에 배정한다. 이렇게 배정된 일을 일정 기간 수행한 후 통합하여 결과물을 만든다.

실리콘 밸리에는 전 세계 가장 뛰어난 인재들이 모여 있다. 오히려 그들은 혼자 일하는 것보다 협업의 필요성을 조직 전체가 인식하고 있다. 비즈니스는 혼자가 아닌 팀 또는 조직이 함께하는 것이다. 우리 일상의 업무도 대부분 협업을 통해 완성된다. 그러나 함께 일한다고 해서 모두 협업은 아니다. 그렇다면 지금 우리 조직도 활발하게 협업이 이루어지고 있는지 점검해 봐야 한다. 기업에서 진행하는 과제나 개발 업무는 협업이 아닌 주로 분업으로 진행되는 경우가 훨씬 많다. 협업과 분업은 서로 전혀 다른 업무 방식이다. 협업은 주어진 과제 안에서 능동적으로 자신의 역할에 참여하고 창의적인 결과물을 만든다. 협업은 여러 사람이 함께 모여 창의적인 결과물을 얻기 위해 토론하고 힘을 합치는 것이다. 그러나 분업은 일을 나누어 각자 맡은 업무만 열심히 하면 된다. 조직 모두가 공유되기보다 해야 할 일들을 조직에 분배하고 각자 나눈다. 분업은 창의성을 통한 협업보다 개인 능력을 통한 분업이다 보니 다양한 관점의 질문과 토론을 통해 창의적인 결과물이 나오기 어렵다. 분업은 회의 시 주로 자기주장만 하고 다른 사람의 아이디어에는 귀를 닫거나 상대의 의견을 강하게 비난해 공격으로 이어질 수 있다.

남들의 의견을 경청하고 자기 생각과 어떻게 다른지 그들에게 관심과 호기심을 갖고 토론한다면 창의적인 발상이 도출된다. 여러 사람이 모여서 난상 토론하며 다양한 의견을 하나의 아이디어로 구체화해야 한다. 다양한 사람들이 섞인다면 그 아이디어는 새로운 창조물이 될 수 있다. 창조란 우리 조직에 없는 것을 새로 만드는 것이기도 하지만 우리 조직에 있는 것들을 모아 더 위대한 것으로 만드는 것이다. 이것이 바로 협업을 하는 이유이다.

갈등이나 대립도 긍정적이고 건설적인 방향으로 활용한다면 창의성을 끌어내는 데 도움이 된다. 협업의 목적은 다른 사람들과 함께 각자가 지닌 아이디어의 폭과 깊이를 확장하고 증폭시켜 더 창의적인 아이디어를 만드는 것이다. 중국 한대의 산문집인 《상서》〈태서〉 편에 나오는 말로 '동심동덕同心同德'이란 말이 있다. '모든 사람이 한마음 한뜻으로 공동의 목표를 위해 힘쓰고 노력하는 것'을 의미한다. 한 걸음 한

걸음이 모여 함께 잘사는 세상을 만드는 것이다. 서로가 서로에게 힘이 되어 줄 때 모든 사람은 혼자일 때보다 더 큰 행복을 느낄 수 있다.

기업은 조직원들의 아이디어와 생각들이 시너지 효과를 내어 독창적이고 생산적인 결과물을 만들어내기 위해서 협업을 해야 한다. 그러기 위해서는 일방적인 회의 역시 바뀌어야 한다. 협업은 의사소통이 중요하며 언제 어디서나 서로 소통할 수 있는 자연스러운 환경을 구축해야 한다. 그룹웨어, 메일, 쪽지, 메신저, 게시판, 화상 채팅 등 온라인에서 업무와 관련된 내용을 올리고 담당자들이 실시간으로 피드백을 남길 수 있어야 한다.

또한 경영자는 이해관계자들과의 협업도 매우 중요하다. 기업의 목표 달성에 가장 중요한 부분 중 하나는 이해관계자 관리이다. 기업의 의사 결정, 변화 관리, 문제 해결에 있어서 영향을 미칠 수 있는 이해관계자들과도 끊임없이 소통할 수 있는 채널을 가지고 있어야 한다. 이해관계자들이 불안해하거나 궁금증이 생기지 않도록 지속적으로 정보를 제공하고 평소에 꾸준한 관계를 형성하며 소통해야 한다. 기업 비즈니스 경쟁 속에서 살아남기 위한 협업은 생산성을 높이는 업무 방식이다. 시장의 변화가 빠르고 복잡해지는 경쟁 속에서 지금 필요한 것은 창의적이며 융합적이 사고이다. 조직과 기업이 밝은 미래를 만들어 나가고자 한다면 함께 협업할 때 비로소 완성된다.

치열한 비즈니스 경쟁에서 창의적이지 못하면 고객을 설득하기 어렵다. 협업을 통해 가치를 만들어내는 협업 문화가 기업에 정착되기 위해서는 많은 고민과 시도가 필요하다.

우리 기업도 열린 소통으로 도전해야 한다. 자유롭게 소통하고 토론하며 때로는 격한 논쟁을 벌이며 의견이 충돌해야 더 나은 아이디어가 나온다. 다듬어지지 않은 초기 아이디어를 구체화하기 위해서는 토론과 협업을 해야 한다. 경영자는 조직원들이 한자리에서 아이디어를 교환하고 결정된 과제를 창의적으로 해결할 수 있는 기업의 문화를 만들어야 한다. 혼자서는 상상할 수도 없는 일들이 다양한 사람들과 함께 일하다 보면 가능해진다. 협업 과정은 기업의 미래를 좌우할 중요한 훈련이다. 이제 질문하고 토론하며 협업하라. 함께 가는 것이 기업의 성공 비결이다.

사장은
숫자로 경영하라

식생활의 불균형, 운동 부족, 스트레스와 같은 잘못된 생활 습관으로 인해 인체의 대사에 장애가 오면 만성적인 순환 장애를 유발하여 생명을 위협하게 된다. 그래서 우리는 스스로 혈액 순환을 관리하기 위해 혈당, 혈중 지방, 그리고 허리둘레 등 세 가지 숫자를 필수적으로 관리해야 한다. 이 요소는 질병의 근본적인 원인이 되며 혈액 순환 장애를 일으키는 주범이 된다. 질병을 예방하기 위해서는 누구나 자신의 몸의 숫자를 반드시 기억해야 한다.

인체의 질병과 같이 기업의 문제에 대해서도 증상만을 살피거나 다루어서는 근본적인 치료가 될 수 없다. 경영자는 기업의 리스크를 예방하기 위해 기업의 숫자를 기억해야 한다.

해마다 많은 기업이 경영 부진에 허덕이고 있다. 경영의 핵심을 제대로 이해하지 못하거나 과거 성공 방식을 붙잡고 어려운 길을 걷고 있는 경영자들이 많다.

G 회사 K 대표는 월말 매출 보고서를 볼 때마다 마음이 갑갑하다. 전 직원이 발에 땀 나도록 뛰어 다니는데 매출이 나오지 않기 때문이다. 지금 이대로 상황이 지속 되면 결국 G 회사도 경영난으로 도산할 수 있는 상황이다. K 대표는 매출은 오르는데 왜 남는 것이 없는지 의문이다. 대부분의 중소기업 경영자들은 이 난제 앞에서 그야말로 오리무중이다. 일반적으로 중소기업의 경영자들이 흔히 범하는 실수가 있다. 바로 목표한 매출액을 달성하기 위해서 실질적인 순이익을 간과하는 경우이다. 기업은 사후 관리를 하지 않고 매일매일 반복적인 판매 실적 행위만 보고 무작정 돌진한다. 기업이 이익을 내기 위해서는 매출 목표에만 신경 쓰고 매출을 성과로 인식하기 때문이다. 그러나 반드시 매출이 높다고 이익이 확보되는 것은 아니다. 높은 매출 목표만을 지향하다 보면 이익이 낮아지고 오히려 비용이 높아지는 악순환이 찾아올 수 있다.

　　무조건 매출이 높다고 좋아해서는 안 된다. 사업이 잘되고 있을 때가 가장 위험하다. 대기업의 경우라면 충분한 인적 자원과 외부 자문을 통하여 기업을 진단하고 관리할 수 있다. 하지만 중소기업 경영자는 조직 내 응급처치를 해야 할 골든 타임을 놓쳐 생존의 위협을 느끼게 된다. 그래서 기업을 운영하는 경영자는 반드시 재무에 관심을 가져야 한다. 매출 달성 방법, 원가의 구조, 순이익 실현의 가능성, 재무 상황을 정확하게 파악하고 이해해야 매년 지속적으로 성장하는 기업을 만들 수 있다. 그러기 위해서는 목표를 계획하고 측정 가능한 지표로 명확하게 관리해야 한다. 경영자는 정기적으로 연말 결산만 진행할 것이 아니라 실시간으로 누구나 알 수 있는 회계 시스템을 만들어야 한다. 투명 경영이 이루어지지 않으면 조직의 마음을 얻기 어렵다.

고^故 이병철 회장은 한동안 삼성의 전문 경영자들을 대부분 재무 출신으로만 채용했다. 삼성이 IT 중심으로 사업을 전환하면서 기술자 출신들도 채용하였지만 여전히 재무에 대한 지식을 갖춘 경영인을 핵심 인재로 삼고 있다. 후계 경영자 고 이건희 회장, 이재용 부회장도 재무 영역을 거쳐 삼성의 중역으로 올라갔다. 기업의 숫자를 다루는 자가 중대한 업무의 콘트롤 타워가 된다.

기업은 이익 없이는 생존하기 어렵다. 이익을 남기려면 반드시 기업 조직 간에 숫자로 표현하고 소통되어야 한다. 경영 목표와 결과는 숫자로 관리되어야 한다. 막연하게 분석했던 것을 숫자로 관리하면 좀 더 정확한 파악을 할 수 있다. 숫자는 조직을 움직이게 하는 힘이 있다.

일반적으로 조직원들은 연초에 발표한 목표를 기억하지 못한다. 기업의 목표 매출액을 달성하기 위해서는 경영자와 조직들 모두가 기업의 공동 목표를 기획하고 공유해야 한다. 숫자로 목표를 세우면 조직은 그 숫자를 달성하기 위해 구체적으로 액션 플랜을 만든다. 숫자로 목표 관리를 하면 성과 도출이 더 확실하고 빠르다. 매출과 이익의 흐름을 알아야 제대로 된 영업 목표를 세울 수 있다. 신뢰할 만한 재무 자료를 작성하고 이를 토대로 각 부서 간에 정보를 공유한 이후에 비로소 기업의 생존을 좌우할 크고 작은 의사 결정들을 해 나갈 수 있다. 조직들도 자신에게 주어진 일만 하면 되는 것이 아니라 기업의 숫자를 볼 수 있어야 기업의 미래가 있다. 조직원들도 거래처의 결산서 정도는 꾸준히 점검해야 손실을 막을 수 있다. 모든 조직원이 함께 숫자 경영을 시행할 때 기업의 경쟁력을 키울 수 있다. 기업에 발생하는 여러 가지 리스크의 출발점은 항상 숫자와 연동되어 있다는 것을 잊지 말아야 한다.

    기업마다 처한 경영의 환경은 모두 다르다. 그러나 이익을 내는 조직은 ISO 경영 시스템으로 운영된다. 매출이 부진한 기업 대부분은 ISO 경영 시스템이 구축되어 있지 않거나 있더라도 제대로 활용되지 못하고 있다. 중소기업 경영자들은 매출이 부진하여 ISO 경영 시스템을 갖출 여력이 없다고 말한다. 그러나 신생 기업, 또는 소규모 기업, 그리고 위기에 처한 기업일수록 생존을 위해서는 획기적인 사업 아이템이나 뛰어난 기술력보다 우선 기업 운영을 뒷받침해 줄 ISO 경영 시스템이 더욱 필요하다.

    품질 경영이란 경영 목표를 정하고 업무 활동을 수행한 후 진행 상황을 점검하며 과정 및 결과에 대한 피드백을 주고받으며 개선점을 파악하는 것이다. 여기에서 중요한 핵심은 바로 측정과 모니터링을 통한 피드백이다. 대기업에서 중소기업에 이르기까지 경영 시스템이 튼튼한 조직은 흔들리지 않는다. 경영 전략가 에드워드 데밍$^{Edwards\ Deming}$이 개발한 PDCA$^{Plan-Do-Check-Act}$ 프로세스 접근법은 업무를 계획^{Plan}하고 실행^{Do}하며 검토^{Check}하고 조치^{Act}를 통해 일을 관리하거나 일을 추진하기에 매우 효과적인 기법이다. ISO 경영 시스템도 PDCA 프로세스를 통해 기업의 리스크 관리를 할 수 있다. PDCA 프로세스의 조치^{Act}는 최초의 계획^{Plan}으로 연결되며 이 과정의 선순환을 통하여 기업의 업무를 지속적으로 개선해 나갈 수 있다.

    부서별 조직은 PDCA 사이클을 통해 업무별 주기를 정하고 생산 활동에 따른 결과를 모니터링하여 조직의 비즈니스 목표를 달성할 수 있다. 또한 부서 담당자들의 구체적인 직무의 설계, 그리고 점검을 통해 생산 활동과 단계별 업무의 효율성을 측정할 수 있다. 기업의 규모가 작을수록 리스크는 더 자주 발생한다. 경영자는 반드시 목표를 먼저 설정하고 행동해야 한다. 목표가 명확하지 않으면 처음의 열정은 머지않아 곧 식어버린다. 경영자가 숫자 경영을 할 때 막연하던 것이 명확해지고 점차 개선되는 것이 보이게 되는데, 이러한 과정은 습관이 되어야 한다.

"측정되지 않는 것은 관리되지 않는다."

세계 경영학자 피터 드러커의 말이다. 인체에 혈액 순환이 되지 않으면 사람이 생명력을 이어갈 수 없듯, 이익이 발생하지 않으면 기업은 생존하기 어렵다. 기업에 나타나는 공통적인 파산의 신호는 보통 매출 이익이 떨어지고 현금 흐름이 불안정하며 불필요한 고정 비용이 늘어나는 것이다. 기업의 이미지가 아무리 좋아도 매출이 아무리 많아도 이익이 나지 않는다면 사업을 유지할 수 없다. 당장은 어떻게든 버틸 수 있을지 몰라도 지속적으로 생명력을 유지할 수 없다. 기업이 어떤 위험에 처해도 헤쳐나가게 해주는 이익은 곧 생존을 의미한다.

기업의 최우선 목표는 이윤 창출이 되어야 하며 기업은 이윤으로 생존한다. 그래서 경영 성과는 말이 아닌 숫자로 나타나야 한다.

기업의 운명은
증거 기반 의사 결정으로 결정된다

    신종 코로나 바이러스의 감염이 전 세계로 확산되었다. 대한민국 정부는 시간대별, 장소별로 접촉한 사람들을 중심으로 선별 검사를 진행했다. 또한 분석한 데이터를 바탕으로 사회적 거리 두기 시행법을 전국으로 확대 적용하였다. 특히 클럽, 유흥 주점, 노래연습장 등의 감염 고위험 시설은 영업 중단 명령을 내리고, 결혼식장, 장례식장, 목욕탕, 음식점 등의 다중이용시설은 5인 이상의 집합 모임을 금지하였다. 또한 집단 감염이 발생되는 학교는 원격 수업으로 전환되었다. 보건 당국은 코로나 바이러스 차단의 목표를 달성하기 위한 신규 지침을 규정하였다. 그리고 전파 차단 프로세스 관리에 대한 권한, 책임과 책무를 수립하고 전파 차단을 효과적으로 달성하기 위해 지속적인 모니터링과 분석을 하고 있다. 이처럼 중대한 의사 결정은 객관적인 증거를 기반으로 하여 결정이 내려진다.

    기업도 매 순간 업무를 행함에 있어 수많은 의사 결정을 해야 한다. 모든 일에는 절차와 기준이 있어야 한다. 절차란 일의 진행 순서, 즉 프로세스 단계를 의미하며 누가, 언제, 어디서, 어떤 방법으로 업무를 진행할 것인가를 고민하며 원칙과 기준을 정해야 한다.

대한민국은 OECD^{경제협력개발기구} 회원국 중에서 긴 노동 시간으로 유명하다. 반면에 2017년 기준 노동생산성은 OECD 36개 회원국 중 29위이다. 노동생산성이 저하되는 원인은 바로 조직 내 잦은 회의가 원인이라고 말한다. 일반적으로 기업에서 회의는 업무의 의사 결정이 이루어지는 매우 중요한 활동이다. 그러나 부서별 열띤 토론으로 이어졌던 회의들이 제대로 효력을 발휘하지 못하는 경우가 다반사이다. 대부분 부서 회의는 아이디어 제안으로 끝나거나 화제에서 벗어나거나 막상 실무에 적용되지 않는 경우가 허다하다. 오히려 조직원들은 회의로 인해 그날 해야 할 중요 업무를 놓치거나 업무의 배정 시간을 빼앗기는 경우가 대다수이다.

의사 결정을 하다 보면 의견 충돌이 일어나는 경우가 발생한다. 이런 경우의 대부분은 각자의 기준으로 업무를 바라본다. 상황에 따라 우선시해야 하는 기준이 서로 다르기 때문에 불협화음이 발생한다. 가령 영업팀 입장이라면 매출을 높이는 것이 우선 과제가 된다. 반대로 품질 관리를 담당하는 조직이라면 매출보다 안정적으로 제품의 생산 관리가 우선 과제이다. 서로 다른 기준은 의사 결정을 하는 데 장애가 되며 최악의 경우 의사 결정을 할 수 없게 한다. 회의에 참여할 때는 반드시 회의의 목적을 분명히 하고 그 흐름에서 이탈하지 않도록 주의해야 한다.

일반적으로 회의를 하다 보면 주요 안건이 다수의 집단적 사고로 결정되는 경우가 대부분이다. 중요 업무를 다수결에 의해 결정하는 것은 리더의 결정 의사가 명확하지 않다는 의미이기도 하다. 의사 결정은 충분한 중론을 가지고 모아야 한다. 경영자는 의사 결정에 우유부단함을 보여서는 안 되며 자신의 의사 결정에 일관성을 가지고 있어야 한다. 어제 내린 결정과 오늘 내린 결정이 달라진다면 조직은 리더를 신뢰할 수 없다.

리더가 현명한 의사 결정을 하기 위해서는 첫째, 기업의 최대 목적이 무엇인지를 파악해야 하며 무엇이 최우선인지를 판단할 기준을 갖고 있어야 한다. 목적이 명확하지 않으면 저마다의 고려 사항에 대해서 자신의 입장과 주장만 하게 된다. 늘 결론이 없는 회의는 시간과 자원의 낭비가 아닐 수 없다. 일을 왜 하는지에 대한 명확한 목적이 있어야 행동을 결정하기가 좀더 쉬워진다. 기업의 미래는 매 순간의 의사 결정에 따라 달라진다. 그래서 좀 더 신중하게 목적과 목표를 설정하고 행동해야 한다.

둘째, 의사 결정 과정 중 충분한 증거 기반으로 진행되었는지 검토해야 한다. 개인 또는 부서 이익을 우선으로 하거나 객관적인 증거 없이 주관적인 의견 개입으로 진행되어서는 안 된다. 예를 들어 기업은 고객들이 좋아할 만한 새로운 제품과 서비스를 만들어 내지만 고객에게 제대로 평가받지 못하고 사라지는 경우가 허다하다. 의사 결정은 새로운 제품에 대해 전 고객들과 함께 사전 테스트를 실시하거나 전문가들로부터 다양한 견해들을 수렴해서 비교해 보고 진행해야 한다. 이런 결정은 시간이 많이 소요되지만 신중하게 결정을 내려야 하는 사안이다. 중요한 결정에 대해 경영자는 객관적인 고객의 정보와 데이터를 확인하고 의사 결정을 해야 한다. 고객으로부터 데이터를 모으고 해석하여 그 결과를 제품과 서비스에 충분히 반영해야 한다.

경영자는 기업의 생사 앞에서 끊임없이 의사 결정을 내려야 한다. 최종 결정의 순간은 오롯이 경영자의 몫이다. 그러나 경영자가 정보 부족으로 인해 잘못된 결정을 내리게 된다면 기업은 한순간에 무너질 수 있다. 아무리 뛰어난 재능을 가지고 있다고 해도 혼자서 위대한 일을 해낼 수 없다. 리더의 의사 결정은 가장 가까운 사람들에 의해 결정을 내리는 것이 아니라 사실 관계를 정확하게 파악하고 신중하게 의사 결정을 해야 한다. 의사 결정은 체계적이며 신중하게, 그리고 조직과 협의를 통해서 이루어져야 한다.

끊임없이 성장만 하는 기업은 없다. 기업은 고객에게 전달할 콘텐츠에 대해 고객의 반응을 주시해야 한다. 모든 사고에는 반드시 원인이 있다. 그러한 원인을 찾기에는 비즈니스 형태가 매우 복잡하기 때문에 체계적이고 객관적인 과정을 거쳐 증명해 내야 한다. 업무의 입력사항에 문제가 생기면 기대하지 않는 출력물이 나올 수 있다. 그래서 리더는 의사 결정을 할 때 프로세스 접근법을 통하여 문제를 해결해 나가야 한다. 프로세스 접근법은 의사 결정의 가장 기본적인 활동이다.

효과적인 의사 결정을 하기 위해서는 먼저 주어진 과제나 문제에 대해 해결하기 위한 여러 가지 대안을 확인 및 분석해야 한다. 그리고 그중에 가장 합리적이고 효과적으로 달성하기 위한 올바른 방법을 선택한다. 증거 기반 의사 결정이란 사실에 입각한 증거 및 데이터 분석을 기반으로 객관성과 신뢰도를 높이는 의사 결정 방법이다.〈품질경영원칙: 증거 기반 의사결정. ISO 9000〉 경영자는 담당자들이 데이터를 분석 평가할 수 있는 적격성을 갖추고 있는지 그리고 과거의 경험에 대한 증거를 기반으로 의사결정과 조치를 하는지 유무를 점검해야 한다. 경영자는 충분한 시간과 의견을 수렴하여 현재의 문제가 향후 어떻게 반영되는지 예측이 필요하다. 즉 과정별 프로세스에 대하여 얼마나 충실히 지켜지는지에 따라 결과가 달라진다. 의사 결정 방법에 대한 결정 및 개선, 성과 목표와 목표 달성 능력, 운영의 효과성과 효율성을 재고하고 다수의 의견을 검토하며, 과거의 결과를 분석하여 더 나은 방향으로 방침을 결정하는 것이야말로 기업 발전의 원동력이 된다.

기업의 의사 결정은 전략 수립과 성과, 분배 등 전반적인 기업 경영에 영향을 미친다. 의사 결정이 어려운 회의는 생산성이 떨어진다. 의사 결정을 해야 한다고 하면 이 일을 왜 해야 하는지 목적이 명확해야 선택할 기준을 세울 수 있다. 기업이 시장 파악과 고객에 대한 분석이 없다면 이미 경쟁 사회에서 뒤지고 있다고 볼 수 있다. 비즈니스에서 성공과 실패의 경계는 어떤 의사 결정을 했는가에 달려 있다.

중요한 일을 진행할 때 여러 가지 사항 중 한 가지를 선택해야 할 순간이 온다. "순간의 선택이 10년을 좌우한다."라는 말처럼 매사에 신중한 선택을 통해 일을 행하는 것이 중요하다.

기업이 존재감을 되찾기 위해서는 변화하는 시대에 발맞춰 정확하게 전략을 수립하고 그에 맞게 실행해야 한다. 회의만 많고 결론이 없는 기업은 미래 지속 가능한 경쟁 우위를 구축하기 어렵다. 기업의 결정적인 실수는 의사 결정과 선택에서 찾아온다. 리더는 기업의 최종 의사 결정자이다. 경영자의 의사 결정에 따라 기업의 운명이 결정된다. 의사 결정은 순간이지만 결과는 영원할 수 있다. 잘못된 의사 결정이 기업 성장을 막고 있을 수 있다. 현재 자신이 서 있는 위치를 확인하고 자신들의 비즈니스가 어떻게 진행되어 가는지 점검해야 한다. 이 시대 기업의 운명은 증거 기반 의사 결정으로 미래가 결정된다.

기업은
지속적인 개선으로 성장한다

"호미로 막을 것을 가래로 막는다."라는 속담이 있다. 일이 커지기 전에 처리하였으면 쉽게 해결되었을 일을 방치해 두었다가 나중에 결국 일을 키우는 결과를 초래한다는 말이다. 기업이 몰락하는 이유도 한순간에 무너졌다기보다는 오랫동안 쌓인 그릇된 기업 문화에서 기인한 경우가 많다.

"10년 안에 현존하는 기업 중 40%가 사라진다."

시스코^Cisco 회장 존 챔버스의 말이다. 향후 25년간 세상은 몰라보게 달라지고 실제로 비즈니스 생태계가 기존의 비즈니스 구조와는 완전히 다른 새로운 유형으로 세계 시장의 지각 변동을 가져올 것이라고 예측하고 있다. 대기업들을 비롯해 잘 나가던 기업이 하루아침에 추락하는 모습은 더 이상 낯선 일이 아니다. 이에 따라 미래 시장의 불확실성으로 불안감은 더욱 커지고 있다. 지금 대한민국 기업들 역시 사회적으로

나 경제적으로도 대변혁을 경험하고 있다. 현시점에서 기업은 내부 점검을 통해 우리 기업의 취약점을 분석하고 개선해야 한다. 그렇지 않으면 우리 기업의 미래도 보장할 수 없다. 로렌스 피터 교수가 발표한 경영 이론인 피터의 법칙^{Peter Principle} 이론이 있다. "조직 내에서 구성원들은 자신의 무능함이 드러날 때까지 승진하고 싶은 경향이 있다."는 것이다. 조직 내 기득권자들은 자신이 기업에 근무하는 동안에는 기업이 절대 망하지 않는다는 생각을 하고 있다. 그래서 기존의 조직관리자들은 후배들의 성장과 교육에 별로 관심이 없기 때문에 기업의 제도와 시스템을 개선하려고 하기보다는 기존의 방식을 더욱 고수하려 한다. 하지만 큰 비전을 품고 입사한 신입사원들이 정체되어 있는 기업 문화를 체험하면서 서서히 그들의 꿈도 접고 열정도 식어버린다. 지속적인 개선을 실행하지 않는 기업은 똑똑한 인재가 들어와도 결코 그 능력을 발휘하기가 어렵다.

우리는 끊임없이 변화하는 사업 환경 속에서 살고 있다. 현시점에 기업의 생존과 발전에 무엇보다 중요한 것은 바로 기업의 내실 경영이다. 가장 기본적인 것부터 탄탄하게 다져나가는 것이 무엇보다 중요하다. 겉모습의 탈바꿈이 아닌 내실을 다지는 견고한 기업으로 만들어야 새로운 분야로의 확장도 가능하다.

경쟁력을 높이고 지속적인 성장을 하기 위해 경영자는 세 가지 원칙을 가져야 한다.

첫째, 경영자의 경영 철학과 비전을 명확히 하고 조직과 공유해야 한다. ISO 경영 시스템 인증 심사로 기업을 방문할 때 사무실 벽에 붙어 있는 액자와 게시판 내용들을 자세히 들여다본다. 그곳에는 정보를 공유하기 위한 유인물뿐만 아니라 조직들의 변화를 촉구하는 문구들도 함께 적혀 있다. 기업은 경영 철학과 비전이 액자 속에서 잠자고 있으면 안 되며 이것은 실제로 실행되어야 한다. 기업의 경영 철학이나 비전은 곧 사장의 경영 철학과 비전이다. 사장의 경영 철학과 비전은 조직에 전파되어야 한다. 전파 과정에 조직원들의 의견을 반영할 수는 있으나 경영자의 생각은 일관성이 있어야 한다. 기업은 리더의 경영 철학과 비전만큼 성장한다.

둘째, 조직원들이 주인 정신으로 일할 수 있는 문화를 만들어야 한다. 이것은 리더가 먼저 솔선수범하여 보여줘야 한다. 사장이 일을 안 하면 조직도 일을 안 한다. 리더의 태도는 기업 문화를 형성하는 데 절대적인 영향을 미친다. 우리 부서가 안 하면 다른 부서에서 하겠지 하는 안일한 태도와 수동적인 자세는 기업 성장의 방해 요소이다. 리더를 통하여 조직원들이 자존감을 느낄 수 있어야 한다. 업무의 개선은 조직을 통하여 이루어진다. 모든 조직이 역량과 권한을 갖고 적극적으로 품질 목표에 참여하는 기업은 가치를 창출할 수 있다. 경영자는 효율적으로 조직을 관리하기 위해서 조직원들을 존중하며 적극적으로 참여하도록 해야 한다.

셋째, 경영자는 조직의 성과를 높일 수 있는 긍정적인 피드백을 자주 나누어야 한다. 피드백 시간을 성과에 대해 평가를 받는 자리로 여기면 리더나 조직원 서로가 불편해진다. 따라서 리더의 피드백은 일방적으로 부족함과 개선점을 찾아 전달하는 시간이 아니라 행동의 변화를 통해 성장을 돕는 소통의 시간이 되어야 한다. 리더는 조직에 신속하고 정확하며 건설적인 피드백을 전달해야 한다. 이러한 피드백은 조직을 단단하게 성장시키고 업무에 대한 집중도를 높일 수 있다. 리더가 약점을 찾아 비판만 한다면 조직원들은 자신의 행동을 수정하기보다 자신의 성장을 도울 수 있는 기업을 찾아 떠난다.

경영자는 우리 조직의 비효율성을 이겨내고 변화를 이루기 위해 어떻게 하면 우수한 기업으로 변화시킬 수 있는가를 점검해야 한다. 지속 성장이 가능한 기업을 만들기 위해 경영자는 경영의 일을 해야 한다. 기업의 출발점인 경영 방침부터 되돌아보며 사업의 본질을 이해하고 그 방향과 주관을 명확히 해야 한다. 조직은 기업의 경영 방침과 경영 목표를 인식하고 업무 추진에 적극적으로 참여할 수 있도록 지속적으로 의사소통해야 한다. 기업 내 올바르지 못한 관행을 제거하고 적극적으로 개선해야 할 부분을 찾아 조직원들이 일하고 싶은 기업으로 거듭나야 한다.

리더의 빠르고 정확하며 지속적인 피드백은 조직과 기업을 성장하게 하는 촉진제가 되며, 나아가 기업의 운명을 결정한다고 해도 과언이 아니다. 많은 기업이 장기 불황에서 생존하기 위해 새로운 시스템을 도입하고 구조 개혁에 박차를 가한다. 지금은 변화하는 환경과 진화하는 시장에 발맞추어 나가기 위해 내부의 지속적인 개선은 선택이 아니라 필수이다. 기업들은 지속 가능한 성장을 위해 거듭나야 한다. 지속 성장을 위한 리더십, 경영 프로세스, 인사 제도, 조직 문화 형성을 위해 많은 노력이 있어야 한다. 그러나 아무리 뛰어난 전략과 방안이 있다 할지라도 실행되지 않는다면 소용없다. 어떠한 경영 형태나 어떠한 제도들을 취하고 있든지 간에 지금은 다시 한번 기업 설립 초창기로 돌아가 창업의 본질이 무엇인지 생각해 보아야 한다.

누구나 성공을 꿈꾸는 시대다. 마음만 먹으면 노력 여하에 따라 얼마든지 성공할 수 있다. 그러나 많은 기업이 주목하는 것은 다른 기업의 성공 사례를 찾아 벤치마킹하는 것이다. 하지만 남의 멋진 옷이 나에게도 모두 어울리는 것은 아니다. 성공이란 결과물이 아니라 끊임없이 개선해 가는 과정에 집중하는 것이다. 우리의 자녀들이 성장하는 것과 같이 기업도 매일 조금씩 점점 개선되고 있다. 경영자는 목표를 이루기 위해 '무엇을 어떻게 노력해야 하는가'를 고민해야 한다.

장수 기업으로 성장하기 위해서는 확고한 경영 철학을 바탕으로 기업의 핵심 가치를 가지고 있어야 하며 실제로 작동될 수 있도록 조직원들의 적극적인 참여를 이끄는 것은 매우 중요하다. 그리고 경영자의 지속적인 피드백으로 인지하지 못한 문제점을 찾아 개선 보완하는 것이 기업의 성패를 가르는 중요한 요소이다. 눈앞에 보이는 성과에 만족한 나머지 현실에 안주하는 순간 저 멀리 뒤처지기 마련이다. 더 큰 성과를 꿈꾸며, 창대한 미래를 내다보고 싶다면 끊임없이 개선해야 한다. 조직은 리더의 생각 범위에서 절대 벗어나지 않는다. 리더는 새로운 전략보다 반복 가능한 성공 방식을 먼저 구축해야 한다.

SECRET
4

불황에도 성장할 수 있는
기업의 7단계 경영 방식

– 1단계 –
프로세스 접근법 : PDCA 사이클로 기업의 선순환을 돌려라

"성공한 CEO로 우뚝 서고 싶다. 존경받는 경영자가 되고 싶다."

모든 경영자의 간절한 마음이다. 그러나 정작 현실은 생각대로 그러하지 못하다. 리더는 사업 계획을 세워도 성과를 이루지 못하고 실수를 거듭하기도 한다. 심지어 수많은 생각을 정리하기에도 시간이 턱없이 부족하다. 사업을 운영하다 보면 나아갈 방향을 찾지 못해 막막한 경우도 많다. 특히 이제 막 사업을 시작하는 경영자들은 충분한 계획과 준비 없이 덜컥 사업을 시작했다가 좌절감을 겪는 경우도 허다하다. 당신도 이런 고민을 하고 있는 경영자라면 그동안 고수했던 업무 방식을 점검해 봐야 한다.

무인양품의 대표 마쓰이 타다미쓰는 "사업의 성공을 단숨에 일으키는 묘약은 없다. 오롯이 당연한 것을 당연하게 지속한 결과가 성과로 이어진 것뿐이다."라고 말한다. 그는 지금의 성공 기업으로 비상하기까지 가장 큰 힘은 바로 "기본에 달려 있다."라고 말한다. 매일매일 할 일을 계획하고 운영하며 점검해 나가다 보면 차근차근 계획대로 업무가 진행된다는 것이다.

예를 들어 제품을 제조하는 작업장이 위생적으로 관리되어야 하는 것은 기본적인 일이다. 기본이 갖추어지지 않은 작업장에서 좋은 품질의 제품이 생산될 수 없다. 인적 자원의 관리도 마찬가지이다. 특히 조직은 업무의 원칙을 수립하고 이를 위해 구체적인 계획을 세워 지속적으로 실행하고 점검을 통해 조직원들의 역량을 단단하게 세울 수 있다. 기업은 업무의 표준 매뉴얼을 만들고 조직을 성장시킬 수 있는 시스템을 마련해야 한다. 부서별 소통 능력을 높이기 위해서는 전사적인 정보의 공유를 용이하게 하는 시스템을 만드는 것이 중요하다. 기본이 바르게 서 있으면 원하는 결과를 얻을 수 있다. 업무의 기본 사이클을 반복하다 보면 어느새 조직도 성장한다. 조직이 성장하면 기업도 성장한다. 기업은 경영 시스템으로 흔들리지 않는 조직 문화를 형성해야 한다. 성공 기업으로 비상하려면 경영자 혼자가 아닌 조직원들이 공동의 목표를 가지고 적극적으로 참여해 주어야 한다.

사업의 성공은 항상 새롭고 혁신적인 아이디어에서만 나오지 않는다. 모든 일은 가장 기본적인 것을 끊임없이 반복 실행하여 기업의 문화로 정착시켜야 한다. 경영자는 업무를 계획하고 운영하며 정기적으로 검토한 후 지속적인 개선으로 기업을 운영해야 한다. 계획한 것을 실행하는 것은 너무나 기본적인 일이다. 그러나 이것을 제대로 실천하는 조직은 흔하지 않다. PDCA 사이클은 모든 업무의 가장 기본이 되는 프로세스 접근법이다. PDCA 사이클은 계획^{Plan}하고 실행^{Do}하고 검토^{Check}하고 조치^{Act}하는 업무 기법이다. PDCA 사이클은 조직의 업무는 물론 개인적인 업무를 추진할 때도 유용하다. PDCA 사이클이 업무 습관으로 정착되면 일의 진행에 가속도가 붙고 조직원들의 자발적인 내적 동기도 상승하며 업무 효율도 높아진다. PDCA 사이클을 적용하여 경영 시스템을 운영하면 업무의 선순환을 유지하며 생산성을 높일 수 있다.

경영자는 업무의 효율성을 높이기 위해서는 PDCA 사이클의 구조를 좀 더 구체적으로 이해하고 적용해야 한다.

PDCA 사이클의 첫 번째는 계획^{Plan} 단계이다. 모든 일은 계획을 세우는 것에서부터 시작된다. 고객의 요구 사항과 조직의 방침에 따른 결과를 이끌기 위해 리더는 우선 조직의 내외부 상황을 파악해야 한다. 경영자는 품질 방침과 품질 목표를 명확히 하고 실현 가능한 실행 계획으로 구체화해야 한다.

예를 들어 경영 목표를 정할 때는 "이익을 높이자."라고 하기보다 "일 년 안에 이익을 100% 달성한다."라는 표현으로 기간과 달성률을 측정 가능한 수치로 나타내야 한다. 경영자는 목표를 구체적으로 정하고 로드맵의 정밀도를 높여야 한다. 계획 단계에서는 경영 방침과 목표를 달성하기 위해 리스크와 기회를 식별하고 경영에 필요한 물적 자원과 인적 자원을 확보해야 한다.

시작이 반이라는 말이 있다. PDCA 사이클의 사고를 통한 계획 단계는 경영의 전체 비중의 절반 이상을 차지한다. 계획 단계에서 업무의 경로와 수준, 그리고 기간을 제대로 정하지 않으면 원하는 성과를 기대할 수 없다. 추후 결과에 대한 잘못을 파악하고 수정할 수 있으나 계획을 제대로 세우지 못한다면 시간과 노력이 낭비된다.

두 번째는 실행^{Do}의 단계이다. 계획 단계에서 업무의 해결 방안을 수립하고 업무 절차서를 만들었다면 실행 단계에서는 그 방안을 해결하기 위한 행동들로 운영이 되어야 한다. 부서별 관리자는 우선순위를 정하고 프로세스에 따라 관리 기법으로 속도를 높이도록 격려해야 한다. 부서별 구성원은 구체적인 업무를 만들고 실행하는 일에 집중해야 한다. 이때 중요한 것이 바로 기록 양식이다. 조직은 계획에 따라 실행해야 할 업무들을 기록 양식서를 통하여 측정 및 모니터링해야 한다.

예를 들어 '신제품 운동화를 일만 개 생산한다'라고 할 때 생산팀에서는 업무 절차에 맞추어 업무 분장, 생산량, 생산 기간 등 업무 프로세스가 잘 운영되는지 모니터링해야 한다. 명확한 기준이 없으면 물량을 데드라인까지 생산하기 어렵다. "매일 오전 9시에서 오후 6시까지 이천 개씩 5일간 생산한다."라는 구체적인 과제로 만들어 일정에 넣어버리면 당장 할 수밖에 없는 상황이 스스로를 통제하게 된다. 그리고 각 작업장에서는 계획대로 운영되는지 문서화된 정보로 보유해야 추후에 검토가 편리하다.

세 번째는 검토^{Check}의 단계이다. 기업의 품질 방침, 품질 목표에 따라 계획된 활동에 대비하여 그 결과로 나타나는 제품 및 서비스에 대한 측정과 모니터링의 성과 결과는 검증되어야 한다. 로드맵을 구축하고 임무를 실행하는 일이 실제로 최적의 솔루션인지 정확히 파악하기 위해서는 정기적으로 검토해야 한다. 검토를 꼼꼼히 하면 업무 실행의 오류를 줄일 수 있다. 검토 단계는 더 효율적인 방법을 찾을 수 있을 뿐만 아니라 보이지 않았던 문제들에 대해 개선의 기회가 된다.

네 번째는 조치^{Act}의 단계이다. 계획에 따라 실행되지 못한 부분을 개선하며 다음 계획에 반영한다. 검토 결과를 토대로 개선하면 다시 PDCA 사이클의 선순환으로 이어진다. PDCA 사이클을 활용하면 개선해야 하는 업무가 파악이 될 뿐만 아니라 잘된 업무는 더 발전시킬 수 있다. PDCA 사이클에는 업무의 성과를 내기 위해 목표 설정, 계획안, 실행, 검증, 개선이 모두 담겨 있다. 목표의 조정, 계획의 전반적인 조정, 해결안이나 행동의 조정, 목표 대상을 바꾸거나 목표 마감일을 변경하는 모든 경우에 적용된다. 전반적인 계획은 바꾸지 않더라도 할 일의 우선순위를 바꾸거나 방법을 수정하는 일도 모두 적용된다. 기업은 PDCA 사이클이 업무 프로세스로 자리 잡을수록 업무성숙도와 정확도도 높아진다. PDCA 사이클이 정착되면 이후에는 습관적으로 돌아간다. 이 사이클을 반복함으로써 진행 업무들을 지속적으로 개선할 수 있으며 추후에는 업무의 미세한 조정만 필요한 수준에 이르게 된다.

기업은 업무의 지속적인 개선을 통해 경영 노하우와 숙련도가 확장되어 간다. 예를 들어 직원의 보상 제도를 적용하여 생산성을 높이는 경우와 실패하는 사례를 비교해 보자.

PDCA 사이클에 따라 업무를 진행했는지 점검해 보면 쉽게 이해할 수 있다.

A 기업은 보상 제도를 활용하면 조직들의 사기를 높일 수 있다고 선

배 경영자로부터 전해 들었다. A 기업은 다음 날 아침 조직들 회의에서 매월 한 건 이상씩 아이디어 제안을 하라고 공지를 하였고, 우수한 아이디어 제안자에 대해서는 매월 한 명씩 포상하겠다고 발표했다. 그 이후 조직원들은 아이디어를 적극적으로 제안하였고 경영자는 약속을 지키기 위해 매월 한 명씩 십만 원을 포상으로 지급하였다. 그러나 아이디어 제안 제도는 반년을 넘기지 못하고 무산되어 버렸다. 그 이유는 매월 조직원들이 십만 원을 받으면 함께 회식하고 다음 날 피곤한 얼굴로 출근하게 되었다. 그리고 매월 서로 돌아가면서 십만 원을 받게 될 것이라는 분위기가 이미 형성되어 있었기 때문이다. 물론 직원들이 제안한 아이디어의 내용도 고민의 흔적이 보이지 않았기에 효과를 제대로 발휘할 수 없었다.

반대로 B 기업의 경우는 아이디어 제안 제도의 시행 목적과 방법, 그리고 제안의 범위, 대상과 제안의 평가, 포상 기준 등을 PDCA 사이클에 따라 충분한 계획^{Plan}을 수립하고 실행^{Do}하였다. 제안의 목적과 범위에 따라서 평가와 포상을 하였으며 실행 이후 최초 목표 대비 실행이 잘 이루어지고 있는지 업무 절차에 대한 검토^{Check}를 통하여 제안 제도를 개선^{Act}해 나아가고 있었다. A 기업과 B 기업의 아이디어 제안 제도는 동일한 내용을 시행했지만 방법과 결과는 확연하게 다르다는 것을 알 수 있다.

그렇다면 당신의 기업은 업무 방식을 어떻게 운영하고 있는가?

경영이란 업무를 계획하고 관리하는 연속 과정이다. 부서별 업무는 계획^{Plan}하고, 실행^{Do}하며, 검토^{Check}한 후 조치^{Act}하는 이 선순환 구조가 끊임없이 반복되어야 한다. PDCA 사이클은 경영의 프레임이며 조직원

개개인의 업무에 대한 기술의 습득을 높여준다. PDCA 사이클은 아이디어를 제안하는 방식과 기업의 실적 올리기 업무 방식으로 다양한 업무에서 효율적으로 일할 수 있다. 지속적인 개선 없이는 리스크의 개선도 없다. 위기에서 더욱 빛나는 지속 가능한 경영을 하기 위해서는 우리 기업만의 PDCA 비즈니스 스킬을 만들어라. 지금 당장 비즈니스의 뼈대부터 제대로 세워라. 기업이 바람직하게 움직이기 위해서는 우리만의 경영 시스템이 존재해야 한다.

– 2단계 –
조직 상황 : 거래하지 말고
관계를 유지하라

"일이 힘드니? 사람이 힘들지."

비즈니스를 하는 사람이라면 누구나 공감하는 말이다. 직장의 동료들이나 상사는 가족보다 더 많은 시간을 함께 보내는 관계이다. 조직원들과 좋은 관계를 잘 유지해야 하는데도 불구하고 어색하거나 이유 없이 불편한 관계들이 있다. 비즈니스 현장에서 업무보다 몇 배로 더 힘든 것이 바로 관계로부터 찾아오는 스트레스이다. 기업 내에서 사람으로 인해 찾아오는 스트레스가 계속 이어지면 피로감과 어려움을 극복하지 못해 결국 관계도 깨어진다.

요즘 새롭게 등장한 키워드는 바로 '인플루언서Influencer'이다. 인플루언서는 SNS상에서 수많은 팔로워에게 영향력을 행사하며 수익을 창출하는 새로운 직업이기도 하다. 심지어 많은 젊은이가 선호하는 직업이 되고 있다. 인플루언서들은 자신만의 콘텐츠를 구독자와 함께 쌓아가며 그들의 성장을 공개한다는 특징을 가지고 있다. 구독자들은 이들의 성장 과정을 보며 해당 인플루언서를 선망의 대상이나 멘토로 삼고 있다. 인플루언서 역시 구독자를 위한 더 나은 서비스를 고민하며 이를 곧 자신의 성장 동력으로 삼는다. 인플루언서가 경제 시장에서 상징하는 바는 바로 '영향력의 힘'이다.

최근 월마트에서는 직원들에게 인플루언서 활동을 독려하고 있다. 직원들이 SNS상에서 기업의 이야기를 자유롭게 공유하면서 고객들에게 홍보 효과를 얻을 수 있기를 기대하는 것이다. 직원들의 일상적인 회사 생활을 자연스럽게 보여주는 것이 고객들에게 더 친근하게 다가갈 수 있기 때문이다. 자신들이 사용하는 월마트 제품을 적극적으로 추천하는 직원들도 있다. 기업은 인플루언서로서 열심히 활동한 직원에게 인센티브를 제공한다. 어떤 콘텐츠를 올릴지는 전적으로 직원들의 마음이며 개인 계정을 사용한다. 직원들이 팔로워만 모아도 기업 전체로는 상당한 숫자의 고객을 확보하는 셈이다. 전문 인플루언서에게 광고비를 주고 한두 개 콘텐츠를 만드는 것보다 직원들이 매일 하루에 한 개씩 올리는 것이 훨씬 효과적이다. 그 기업을 가장 잘 아는 직원이 이야기를 전달한다면 고객들은 광고보다 더 경청할 가능성이 커진다.

이처럼 기업들은 다양하고 새로운 마케팅 기법으로 고객들에게 메시지를 전달하고 있다. 우리의 관계도 다양한 네트워크로 연결되어 있다. 매장에서 필요한 제품을 구입하고 가족과 식사 교제를 나누고 직장 동료나 고객들과 지속적인 만남을 가진다. 우리는 수많은 만남을 통하여 서로 영향력을 주고받으며 다양한 관계를 유지하며 산다. 우리의 삶도 공동의 목적을 달성하기 위해 서로의 노력이 필요하다. 그러나 소통이 불편해지면 서로에 대한 이해가 어려워진다. 기업 역시 다양한 네트워크로 연결되어 있다. 기업은 서로의 영향력을 주고받는 인플루언서들, 즉 이해관계자를 잘 이해해야 한다.

제조 회사 A 기업의 임직원들에게 연말은 잔인한 달이다. 인사 개편이 이루어지기 때문이다. 문제는 A 기업의 승진 제도에 원칙과 기준이 없다는 사실이다. 특히 회사 임원 인사는 더욱 다이내믹하다. 가장 성실했던 K 부장이 하루아침에 지방으로 좌천되고 평소 한직에 있던 H 상무가 이사로 승급되었다. 사업본부장이 생산본부로 이동하고 생산본부장은 관리본부로 이동하였다. 새롭게 임원이 된 사람 중에는 외부 영입도 많다. 어느 기업이든 성장이 정체되거나 방해가 된다면 기존 인력에 대한 조정을 심각하게 고민하게 된다. 그러다 보니 임원이 될 조직들을 육성하기보다 수시로 자리를 교체하거나 외부에서 인재를 영입한다. 이처럼 임직원들에 대한 승진 절차의 기준이 명확하지 않으면 인사의 형평성과 공정성은 떨어진다.

기업의 1차 고객은 내부 조직이다. 기업에 몸담은 조직은 대개 이 직장에서 정년퇴직 때까지 근무하며 임원으로 승진하길 원한다. 그러나 기업이 매년 승승장구하며 성장하고 있다면 승진에 대한 불안감도 없을 것이다. 조직을 향한 신뢰가 부족하면 조직은 안정감을 얻을 수 없으며 업무에 책임을 다하지 않는다. 중소기업 경영자들의 고민은 기존 조직의 이탈 방지가 급한 과제이기도 하며 일할 사람이 부족하여 채용하기에 급급해하기도 한다. 조직의 이탈이 많은 기업이라면 경영자는 조직원들의 생산성이 떨어지는 이유와 결근, 그리고 이직의 원인을 분석해야 한다. 기업은 외부 고객을 만족시키는 데 있어 매우 중요하지만 자주 간과하는 부분은 내부 직원의 존재감이다. 외부 고객의 니즈를 이해하고 그들에게 감동을 주는 데 있어 내부 조직원들이 가장 일선에서 일하고 있다. 각 조직원들은 고객과의 상호작용을 통해 고객의 니즈를 파악하며 전략을 도출하고 이행하며 새로운 전략을 적용하는 데 매우 중요한 역할을 한다. 그런데 경영자가 조직원들이 일을 제대로 할 수 있다고 신뢰하지 않고 그들의 작은 실수를 용납하지 않는다면 조직원들도 마음이 떠난다. 경영자는 조직원들이 고객에게 집중할 수 있도록 자율 권한을 부여해야 한다. 경영자는 직원이 옳은 결정을 할 수 있다고 신뢰할 때 조직원은 책임 의식을 가지며 기업의 변화를 불러올 수 있다.

만약 당신이 경영자가 아닌 조직이라면 당신은 어떤 기업에서 일하고 싶은가?

"매일 아침 일어나 회사 갈 생각만 해도 행복하다. 내가 이곳에 근무하면서 기업도 성장하고 나도 함께 성장하고 있다. 선배들은 그 분야 전문가들이며 후배에게 하나라도 더 알려주기 위해 노력한다. 나도 선배처럼 되고 싶다. 내가 이 회사에 다니는 것이 자랑스럽다."

당신이 근무하는 기업이 '근무하고 싶은 최고의 기업'으로 거듭나기 위해서는 조직 경쟁력을 높이고 인재 육성을 통한 역량을 강화해야 한다. 기업의 지속적인 성장을 위해 조직들의 기술과 능력을 개발하기 위해 투자를 아끼지 말아야 한다. 조직원에게 업무를 지시하지 말고 교류해야 한다. 나와 함께하는 조직이 기업의 가장 중요한 자산이다.

기업의 2차 고객은 이해관계자이다. 이해관계자란 기업에 대해 이해관계를 가지고 있는 사람이나 집단, 주주뿐만 아니라 국가, 지역 사회, 언론, 환경, 시민 단체 등이 포함된다. 이해관계자 관리가 소홀하거나 준수의 의무를 다하지 않는 경우 기업의 생존 문제에 심각한 영향을 미칠 수 있다. 요즘은 디지털 네트워크가 더 확장되었기에 이해관계자들 간의 관계 관리에 더욱 신경을 써야 한다. 관계 관리를 통하여 각 이해관계자와 관련된 기회와 제약 사항에 대한 대응을 통해 조직과 조직의 관련 이해관계자의 성과를 증진하고 이해관계자와 함께 목표와 가치의 공통 이해가 필요하다. 또한 자원과 역량의 공유, 그리고 품질 관련 리스크를 상호 관리하여 제품 및 서비스의 안정적인 흐름을 제공함으로써 공급망을 잘 유지해야 한다. 특히 기업의 매출 성과는 공급자와의 관계 관리에 비례한다. 가격과 경쟁력을 확보하기 위해서 전략적 동반자로 성장하는 방법을 알아야 한다.

기업의 3차 고객은 소비자이다. 고객의 니즈는 끊임없이 변화하고 있다. 지속적으로 변화하는 고객의 니즈에 따라 시장의 흐름도 바뀌고 있다. 사업의 성패는 바뀌는 시장의 흐름을 제대로 파악하는지 유무에 달려 있다. 기업은 경영 쇄신, 브랜딩, 광고, 마케팅 등 다양한 기업의 전략으로 고객의 환심을 사고 있다. 그러나 기업의 혁신을 주도하는 것은 이러한 전략들보다 고객의 니즈로부터 출발한다. 변화무쌍한 비즈니스 환경에서 획기적인 방법으로 고객의 니즈를 만족시키기 위해서는 기존 고객들을 팬으로 만들어야 한다. 기업을 변화시키기 위해서는 고객 응대 시스템을 구축하고 고객 중심적인 사고를 지니고 있어야 한다. 기업은 끊임없이 고객의 감성을 자극해야 한다. 감성 자극이란 이성적이고 합리적인 설득이 아니라 고객에게 기쁨을 주고 삶의 가치를 새롭게 해주는 방법이다. 즉 머리가 아니라 가슴으로 접근하는 것이 감성 마케팅이다. 관계 관리를 함에 있어 고객이 원하는 가치를 파악하여 고객이 원하는 상품을 만드는 것이 기존 고객이나 신규 고객을 유치할 수 있는 중요한 활동이 된다.

모든 리더가 고객이 중요하다는 것은 안다. 그러나 아는 것과 행동에 옮기는 것은 다르다. 말로만 고객 섬김과 고객 감동을 외치지 말아야 한다. 기업의 시선이 고객에게 향해 있을 때 기업의 생존이 가능하다. 현재 시장은 모든 기업에 큰 기회이자 위협이다. 적극적인 고객 관계 관리는 기업의 성장 엔진이 된다. 혼자 노력하지 마라. 기꺼이 함께하는 사람을 만들어야 한다.

- 3단계 -
리더십 : 경영의 목표를 세우고
숫자로 표현하라

화려한 인테리어로 식당을 꾸며도 그 음식점에 맛이 없다면 손님이 다시 찾아올 리가 없다. 본질에서 벗어나면 아무리 치장을 해도 매출은 증가할 수 없다.

기업 경영도 마찬가지다. 열심히 일했음에도 불구하고 성과를 내지 못한 것은 본질에서 벗어나는 행위이다. 조직원들은 주도적으로 업무를 처리하지 않고 맹목적으로 상사가 시키는 일만 하며, 야간 근무까지 하기도 한다. 그 외 업무 시간도 의외로 허비하는 시간들이 많다. 건물 앞에 우르르 몰려나와서 커피를 마시거나 아니면 담배를 피우면서 잡담을 하기도 하고 걸려 온 전화를 받으며 지인들과 통화하는 일도 흔하게 목격된다. 물론 업무 중 여유와 충전의 시간은 필요하다. 하지만 근무 시간 동안 본업에 얼마나 충실하게 일해 왔는지는 의문이다.

F 회사의 사업팀 K 대리는 남보다 30분 일찍 출근하여 신문을 살펴

고 업계 동향을 파악하며 매일 있는 업무와 각종 보고 현안을 챙기느라 오전 내내 바쁘다. 주로 오후에는 외부 미팅을 다닌다고 자리를 비울 때가 많다. 동료들은 K 대리가 주도적으로 열심히 일하고 성실하니 분명히 승진 대상이라고 부러워한다. 그러나 팀장은 제대로 업무 파악도 못하고 분주하게 뛰어다니는 K 대리의 모습이 그리 반갑지 않다. 그 이유는 많은 일을 벌이고 불도저식으로 일하고 있으나 생산성이 없고 요란하기만 하기 때문이다. 상대적으로 정시에 출퇴근하는 팀원들의 성과와 별 차이가 없었다.

팀장은 내년도 사업팀의 연간 사업 목표와 예산, 그리고 전략과 실행 계획을 준비하고 있었다. 팀장은 팀원들에게 각자 내년에 중점적으로 실행해야 할 주요 과제를 다음 주까지 정리해서 제출하라고 지시하였다. 팀장은 K 대리가 써 놓은 과제 리스트를 확인해 본 결과 그가 선택한 과제들은 내년도 팀 핵심 과제도 아니며 비중이 높지 않은 일상적인 업무들이었다. 아무리 성실해도 성과가 없다면 전문가답지 못한 행동이다. 열심히 일해도 그 성과가 없으면 부서에 아무런 영향을 줄 수 없다. 업무의 우선순위란 자신의 업무 중에서 팀의 성과 창출에 가장 결정적인 영향을 미칠 수 있는 핵심 과제여야 하며 모든 역량을 투입해야 한다.

기업이 성과를 내지 못하는 이유 중의 하나가 중요한 일을 처리하지 못하고 급한 일의 중심으로 업무를 처리하는 것이다. 이로 인해 성과 창출에 어려움을 겪는다. 아무리 성실하고 바쁘게 일해도 성과에 영향을 주지 않는다면 업무를 다시 검토해 봐야 한다. 무조건 열심히 일한다고 성과로 이어지는 것은 아니다. 열심히 일하는 것이 중요한 것이 아니라 제대로 일하는 것이 중요하다. 경영자는 열심히 일하는 사람보다 성과를 창출하는 조직원에게 더 호감을 느낀다. 주어진 책임을 다하기 위해 주도적으로 업무를 추진하는 조직에서 생산성이 나온다. 경영자는 조직과 끊임없이 소통하며 목표의 방향을 잘 이끌어 가야 한다. 조직은 기업의 경영 목표, 그리고 회사의 존재 목적을 생각하면서 성과의 의미를 파악해야 한다.

기업은 조직들의 성과를 끌어올리기 위해 정기적인 교육을 해야 한다. 교육의 목적은 기업의 목표를 달성하기 위해 조직원들이 분명한 목표와 성과 달성을 위한 계획을 세울 수 있도록 비전을 제시하는 것이다. 그리고 성과 목표를 가장 효과적으로 달성하기 위한 전략을 제대로 수립하도록 해야 한다. 그러나 문제는 이때 수립한 전략은 제아무리 훌륭하다 할지라도 행동으로 실천하지 않으면 전혀 의미가 없다. 성과는 반드시 측정 또는 모니터링을 통해 피드백을 이끌어 내는 조직 문화를 만들 때 나온다. 조직은 그냥 주어진 시간 안에 일만 열심히 해서는 안 된다.

J 회사 P 대표는 항상 바쁘다. P 대표는 장단기 목표와 중요한 업무와 급한 업무를 구분하지 못하여 손에 잡히는 데로 주먹구구식으로 일을 처리한다. 당장 눈앞의 일에 급급하여 목표와 전략적인 계획 없이 단순히 해야 할 일만 정리하여 처리해 나간다. 수많은 리더가 조급증을 가지고 있다. 많은 시간을 들여 바쁘게 급한 일만 처리하다 보면 원하는 결과를 내지 못한다. 경영자는 손익 구조가 나빠지면 가장 먼저 판촉비를 절감한다. 이것도 부족하면 구조 조정에 들어간다. 이것은 자신의 사업은 물론이며 함께 일하고 있는 조직 모두에게 피해를

주는 행동이다. 장기적인 목표가 설정되지 못하고 상황의 변화에만 따라 대응해 가면 원하는 목적의 방향으로 나아갈 수 없다. 명확하지 않은 목표와 뜬구름 잡는 전략으로 늘 해오던 방식대로만 바쁘게 일하지 말아야 한다.

경영자는 항상 목표를 달성하기 위한 방법을 찾으려 고민해야 한다. 경영자는 경영 계획을 수립할 때 매출 목표보다 이익 목표를 먼저 세워야 한다. 이익 목표를 수립해 놓으면 매출 목표는 저절로 따라온다. 아무리 현재 높은 매출과 많은 조직을 운영하고 있지만 기업의 부채는 언제든지 늘어날 수 있다. 흑자 100억 원이라고 하면 경영 성과가 발생했다는 것이지 현금 자산 100억 원이 있다는 말은 아니다. 흑자인 기업이 채무를 갚지 못해 도산하는 경우가 많다.

경영자는 숫자 감각이 발달해야 한다. 매출액보다 순이익 확보가 우선이며 현금 자산의 흐름을 파악하고 있어야 한다. 늘어난 매출로 사업을 꾸려나가다 보면 불어난 비용을 감당하지 못하여 파산하는 경우가 발생한다. 직원에게는 매달 급여를 지급하지만 정작 자신은 월급을 가져가지 못하는 경우도 허다하다.

경영자는 매출의 목표를 잡을 때 절대 최근 몇 개월의 실적 향상을 새로운 기준으로 삼아서는 안 된다. 경영자들이 매출을 늘리는 데 바빠 수익을 남기는 방법에 대한 이해가 부족한 상태에서 사업을 키우다 보니 적자의 악순환이 반복될 수 있다. 대다수 중소기업 경영자들은 통장 잔고를 바탕으로 사업 자금으로 활용한다. 통장 잔고가 바닥을 보이면 미수금 확보에 전념하거나 영업에 집중한다. 반면에 통장 잔고에 여유가 있으면 설비 투자에 나서고 사업 확장을 준비한다. 투자 대비 효과를 따져보거나 지출을 조절하는 방법은 전혀 고려하지 않는다. 경영자는 매출이 늘어나면 비용도 늘어나는 문제를 인식하지 못한다. 돈을 모을 줄은 알았으나 그것을 어떻게 유지하고 키워 나가야 하는지 모른다. 지속적인 성장을 위해서는 수익을 먼저 제하고 남은 자금으로 사업을 꾸려나가야 한다. 경영자는 쓸 수 있는 자금이 얼마나 되고 지출을 유보해야 할 것은 무엇인지 한눈에 파악할 수 있어야 한다. 매출에만 집중하게 되면 사업을 효율적으로 운영하기가 어렵다.

경영자는 기업을 운영하면서 낭비가 되는 영역이 무엇인지 분석해야 한다. 기업의 규모를 키우는 데는 재능이 있으나 수익성에 대한 이해가 부족하면 밑 빠진 독에 물 붓는 행위와 같다. 경영자는 목적에 맞는 정확한 방향을 찾아 주어진 기간 내에 목표하는 성과를 올려야 한다. 경영자는 수시로 전략을 수정하고 목표를 재설계해야 한다. 내부 실적의 흐름과 시장 환경의 변화, 그리고 동종 업계의 추이를 관찰하며 신중하게 움직여야 한다. 그리고 한정된 자원과 시간, 그리고 조직을 가지고 어떻게 더 많은 성과를 만들어낼 것인가에 끊임없이 고민해야 한다.

기업이 없으면 경영자도 할 일이 없다. 경영자는 측정 가능한 경영의 목표를 세우고 성과를 내야 한다. 경영자는 전략적 사고를 가지고 품질 목표를 설정하고 실행되는 업무를 측정 및 모니터링으로 검토해야 한다. 리더가 말하고 있는 것은 반드시 측정이 가능해야 한다. 이를 위해서는 조직은 객관적인 데이터와 정보를 가지고 있어야 한다. 작지만 지속적인 수익을 내는 기업이 훨씬 더 가치 있다. 사업의 근본적인 목적은 이익을 창출하는 것이다. 전 조직이 일에 끌려다니지 말고 성과 창출의 주도권을 갖고 있어야 기업이 성장한다.

– 4단계 –
기획 : 리스크 관리는
선택이 아닌 필수이다

우리의 인생뿐만 아니라 조직의 활동 역시 크고 작은 리스크들로 이루어져 있다. 지하철 추돌 사고, 고객의 정보 유출, 바이러스의 확산 등 끊임없이 리스크는 발생한다. 기업에서도 건물 및 장비 또는 조직에 피해를 주는 등 손상을 입히는 잠재적인 위험성은 언제든지 찾아올 수 있다.

H 화장품 제조 회사의 ISO 경영 시스템 인증 심사를 며칠 앞둔 날이다. H 화장품 인증 심사 담당자에게서 다급한 전화가 걸려 왔다. "저의 제조 건물에 화재가 발생했습니다. 다행히 인명 피해는 없었지만 4층 건물이 모두 불에 타서 현장 심사 진행이 어려울 것 같습니다."라는 통보였다. 필자가 확인 차 기업을 방문했을 때 담당자의 말 그대로 현장은 아수라장이 되어 있었다.

사고의 출발점은 무더운 날씨가 지속되는 한여름에 화장품의 발주량

증가로 인해 무리하게 야간 작업까지 강행하였던 것이다. 작업하던 현장에서 갑자기 전기 누전으로 화재가 발생한 사건이었다. 작업장의 불씨는 삽시간에 바람을 타고 퍼져나갔으며 한순간 대형 건물 전체를 통째로 삼켜버리고 말았다. 생산팀에서 좀 더 안전사고에 대한 적절한 주의를 기울였다면 충분히 피할 수 있었던 사고였다. 생산팀장은 작업장에서 부주의로 인해 여러 번 전기 누전 사고를 경험한 적이 있다고 말했다.

이처럼 리스크는 어느 날 갑자기 발생하지 않는다. 수많은 전조 증상들이 나타난 뒤에 사고로 이어진다. 1931년 미국 보험 회사에서 근무하던 하인리히는 수많은 산업 재해 자료를 분석한 결과 의미 있는 통계학적 규칙을 찾아냈다. 평균적으로 한 건의 큰 사고 전에 29번의 작은 사고가 발생하며 300번의 잠재적 징후들이 나타난다는 사실이다. 하인리히 법칙Heinrich's law을 흔히 '1:29:300의 법칙'이라고도 한다. 하인리히 법칙은 대부분의 대형 사고는 예고된 재앙이며 무사안일주의가 큰 사고로 이어진다는 의미이다. 큰 사고가 일어나기 전에 반드시 유사한 작은 사고와 사전 징후들이 선행된다. 오늘날 하인리히 법칙은 기업에서 자주 발생하는 산업 재해는 물론이며 각종 개인 사고, 자연재해 및 사회·경제적 위기 등에도 널리 인용되는 법칙이다.

조직은 위기 신호를 감지하고 인식하여 비상 훈련을 통해 예방에 중점을 두어야 한다. 하지만 위기는 불가피하게 일어날 수 있다. 기업은 위기를 빠르게 인식하고 대응할 방안이 필요하다. 비상사태에 대한 매뉴얼을 기획한 후 모든 조직은 이 내용을 숙지하고 준비된 대응 전략과 행동 수칙이 적용될 수 있도록 만들어야 한다. 따라서 조직은 위기

대응에 대한 사전 준비와 조직의 교육과 훈련 시스템을 충분히 마련해야 한다. 안전 교육 및 훈련이 부족하거나 정비 불량 등 사소해 보이는 전조 증상에 주의를 기울여야 한다. 대형 사고 발생까지 여러 단계의 사건이 도미노처럼 빠르게 진행되기 때문에 리스크 예방을 적절히 대처하면 기업의 재난을 막을 수 있다.

조직에서 발생하는 리스크 역시 어느 날 갑자기 찾아오는 것이 아니다. 리스크는 그 싹을 키우는 신호들이 반드시 찾아온다. 제품이나 서비스의 품질 불량을 처음 발견한 순간에 즉시 고치면 1의 비용이 든다. 그러나 이를 숨기거나 방치하면 10의 비용이 들고 고객이 불량을 발견해 고객 불만을 접수하면 100의 비용이 든다. 작은 결함은 가능한 한 조기에 처리하는 것이 가장 경제적임을 의미한다.

가벼운 리스크는 손쉽게 해결될 수 있다. 그러나 처음에는 작아 보였던 것이 눈덩이처럼 커져 점차 더 큰 문제가 될 수 있다. 통제할 수 없는 상황에서 발생한 리스크는 그 부정적 영향을 최대한 빨리, 그리고 효과적으로 최소화해야 한다. 문제는 리스크는 리스크에서 끝나지 않는다는 사실이다. 리스크는 물리적 손실은 물론이며 수많은 이해관계자에게 심리적 손상을 가져다 준다. 실제 기업 내부적으로 경영자의 리더십, 자원의 적격성, 기술력 등이 부족하면 위기는 산불처럼 번질 수밖에 없다.

예상 가능한 리스크가 처리되지 않는 경우 위험 상황은 그대로 유지되거나 오히려 악화된다. 필자가 기업 ISO 인증 심사를 하다 보면 반복적인 리스크가 무엇인지를 파악하고 그 리스크를 어떻게 극복하느냐에 따라 그 기업의 역량을 알 수 있다. 이러한 난관에 조직원들이 리스크를 처리하지 못한다면 기업의 추락은 한순간에 이루어진다.

그렇다면 우리 기업에 리스크가 반복적으로 일어나지 않도록 하려면 어떻게 해야 할까?

첫 번째, 기업의 리스크 관리 업무는 따로 관리되거나 또는 리스크 관리 담당 부서가 있어야 한다. 위기 관리는 모든 조직의 모든 측면을 다루는 기업 활동의 중요 업무 중 하나이다. 리스크 관리 담당 부서는 외부와의 소통이 원활하게 이루어지도록 해야 한다. 리스크에 대한 중대한 노출을 식별 및 평가하고 리스크 관리와 통제 시스템을 개선해 나가야 한다. 기업에서 리스크가 발생하면 향후 여론에 미치는 파급력이 크다. 임직원, 이해관계자, 경영자, 조직 문화, 고객, 경쟁사 등 기업의 모든 리스크는 파악되어야 한다.

두 번째, 내부 심사 활동은 정기적으로 이루어져야 한다. 많은 기업이 리스크 관리의 중요성에 대해 말은 하지만 정작 기업에서는 필요한 조치가 제대로 이루어지지 않는 것이 현실이다. 대부분의 기업에서는 관리 부서보다 수익 부서가 더 중시되는 경향이 있다. 이는 리스크 관리 부서도 마찬가지이다.

리스크 관리 담당자와 내부 심사자들이 온전히 업무를 수행할 수 있으려면 경영자의 전폭적인 신뢰와 지원이 필요하다. 경영자는 내부 심사자들의 업무를 적극적으로 지원하며 내부 심사 활동이 독립적으로 이루어질 수 있도록 보장해 주어야 한다. 내부 심사 부서에서는 리스크 관리 규정과 프로세스의 원칙을 정하고 모든 조직원이 관련 규정을 인식하고 지킬 수 있도록 교육 훈련을 해야 한다. 리스크 관리 부서는 내부 심사자의 의견을 통해 리스크 관리 프로세스의 개선이 필요한 부분을 파악하여 리스크 관리의 취약점을 개선해야 한다.

내부 심사가 효율적으로 운영되기 위해서는 리스크가 큰 분야에 심사 역량을 집중해야 한다. 그리고 리스크 관리 부서는 리스크를 식별하고 평가 관리를 제대로 수행하여 내부 심사자에게 제공해야 한다.

세 번째, 리스크 관리의 주체는 경영자와 전 조직이 되어야 한다. 리스크 관리는 리스크 관리 부서의 노력만으로는 리스크를 제대로 관리할 수 없다. 기업의 리스크 발생 영역은 각각의 업무를 담당하고 있는 조직원들이 가장 잘 알고 있다. 조직에 영향을 줄 수 있는 잠재적 사건들을 파악하고 관리하기 위해서는 전사적으로 적용될 수 있는 프로세스를 구성해야 한다. 모든 조직원이 리스크 관리를 자신의 필수적인 업무로 인식해야 한다.

ISO 경영시스템에서는 기업의 위기 관리 능력을 강조하고 있으며 리스크 기반으로 한 사고 기획을 요구하고 있다. 리스크에 대한 대응 방안을 선택하고 결정할 때 기업이 봉착할 만한 여러 위기 상황들이 사전에 파악되고 확인되어야 한다. 발생 가능한 위기를 완벽히 방지할 수는 없다고 하더라도 인재로 인한 리스크 가능성을 파악하고 그 상황에 대비하여 철저히 훈련한다면 모든 위기를 훨씬 더 효과적으로 관리할 수 있다. 위기가 코앞에 닥쳐온 후에 해결 방안을 찾는다면 그만큼 상당한 대가를 치러야 한다. 그래서 리스크는 반드시 예측되고 관리 되어야 한다. 리스크 발생을 사전에 방지하며 리스크에 대한 민감성을 높여 리스크를 예방해야 한다.

기업이 위기 관리 프로세스를 수립하고 전사적으로 리스크 관리의 주체가 된다면 어떠한 위기상황에서도 그로 인한 충격을 완화할 수 있다. 불확실성의 시대에는 위기 극복 능력이 기업의 미래를 좌우한다. 작은 부주의가 큰 리스크를 부른다. 지금 당장 우리 기업의 위기 관리 시스템을 구축하자. 비가 온 후에 우산을 찾지 마라. 안정적일 때 위기를 대비해야 한다.

- 5단계 -
지원 : 조직의 실력은 학력이 아니라
지속적인 교육 훈련이 만든다

"인사人事가 만사萬事이다."라는 말이 있다. 한 조직이나 국가를 움직이는 것 또한 사람이 하는 일이라 사람 쓰는 일이 그만큼 중요할 수밖에 없다. 역사적으로도 인재를 등용하고 양성할 때 인사 문제를 중요하게 여기어 왔다. 그만큼 한 나라의 흥망성쇠는 사람을 어떻게 쓰느냐에 따라 달라진다. 시대를 막론하고 기업에서도 인재를 뽑아 적재적소에 배치하는 것보다 더 중요한 일은 없다. 사람을 잘 써야 기업도 형통할 수 있다. 좋은 인재를 선발하고 육성하는 인사 관리는 조직을 운영하는 핵심적인 과업이다. 기업은 핵심 가치가 내포된 인사 철학을 가지고 있어야 한다. 인사 철학이 조직의 경쟁력이며 조직의 흥망성쇠를 결정짓는다.

E 기업 ISO 인증 갱신 심사의 날이다. 실무 담당자인 J 씨는 업무에 대한 어려운 심정을 고백하였다. J 씨는 변화 없이 반복되는 업무가 지

루하고 그동안 의미 있다고 느꼈던 모든 일이 갑자기 가치 없게 여겨진다고 하였다. 자신의 강점을 살리지 못한 채 효율이 떨어지는 일을 하는 것 같다며 이런 심정으로는 회사를 다닐 이유가 없다고 말하였다. J 씨는 무슨 일이든지 배울 만한 점은 있다고 생각하고 살았지만 시간이 지나 보니 자신은 성장하지 못한 낙오자의 길을 걷고 있는 것 같다고 말하였다. 자신이 없어도 업무는 똑같이 운영될 것이라며 더 이상 회사에 대한 기대가 없었다. 누구보다도 책임감과 애사심이 많았던 J 씨에게서 이런 말을 들으니 나도 함께 마음이 무거워졌다.

경영자는 조직원들의 마음을 읽을 줄 알아야 한다. 리더가 조직의 마음을 얻지 못하면 그들의 잠재된 무한한 가능성과 창의력을 이끌어낼 수 없다. 조직원들이 일하는 이유는 보상만은 아니다. 자신이 잘하는 일이나 하고 싶은 일을 하며 회사와 함께 성장하길 원한다. 경험이 많은 조직은 그들 스스로 업무의 효율성을 이끌어낼 수 있는 방법도 잘 알고 있다. 그러나 리더가 그들의 의견을 수용하지 않는다면 그들은 업무에 대한 열정이 식어버린다. 조직원들은 보상보다 자신들의 성장과 그들의 미래에 더 관심이 많다.

리더는 조직원들이 제대로 일할 수 있는 환경을 제공해야 한다. 업무 평가와 보상에 대한 공정성을 유지하고 다양한 교육 훈련을 통하여 그들이 꿈을 잃지 않고 성장할 수 있는 기반을 제공해야 한다. 리더가 조직과 끊임없이 소통하며 인정해줄 때 조직들이 맘껏 일할 수 있다.

중소기업에서는 일당백의 업무를 하는 경우가 대부분이다. 경영자는 기업의 목적에 맞추어 각 조직원이 자신의 과업과 성과 책임을 낼 수 있도록 자율성과 책임 권한을 보장해 주어야 한다. 형식적인 기업의 목

표와 업무는 조직원들의 내적 동기를 상실하게 하여 업무에 대한 의욕
도 떨어뜨린다.

뉴스에는 하루 이틀이 멀다 하고 인사 청탁이나 비리에 대한 문제와
불만 기사가 쏟아져 나온다. 매년 국회나 공기업에서도 인사 채용에서
잡음이 끊이지 않는다. 대기업에서는 경영권을 두고 벌어진 형제의 난
으로 연일 사람들의 입에 오르내리고 있다. 또는 제대로 검증되지 않는
낙하산 인사로 조직원을 채용하기도 한다. 이런 이유로 성공하기 위해
서라면 학연과 지연, 그리고 혈연이 필요하다는 인식이 내재되어 있다.
하지만 기업의 규모가 커지면 업무의 적임자가 필요한 시기가 찾아온
다.

오늘날처럼 급변하는 비즈니스 환경에서는 아무리 최적의 경영 시스
템을 가졌다 해도 성공을 보장할 수 없다. 그래서 기업에서 원하는 조
직을 발굴하고 성장시키는 일은 매우 중요하다. 경영자가 업무를 지시
한다고 해도 마음이 식은 조직원은 리더의 열정처럼 움직여주지 않는
다. 경영자는 제품 개발과 고객 유치에만 집중하기보다 먼저 조직원을
양성하기 위해 노력해야 한다. 사람을 관리하며 교육하고 성장시키는
과정들이 조직을 움직이게 하는 큰 힘이 된다. 결국 인적 자원 관리가
곧 기업의 능력을 좌지우지한다.

급변하는 환경과 미래를 대비하기 위해서 조직 관리와 양성은 매우
중요하다. 그러나 가장 먼저 교육의 대상이 되어야 하는 사람은 바로
경영자이다. 경영자는 지식과 기술을 습득하고 자기 개발과 연구에 힘
을 써야 한다. 그다음에 조직을 교육해야 한다. 조직을 교육하는 것은

리더의 가장 중요한 직무이다. 사업 계획의 수립은 리더가 하지만 실질적으로 그 사업 계획을 추진해야 하는 사람은 바로 조직원들이다. 리더는 교육 훈련을 통해 인재 성장에 초점을 맞추어야 하며 조직의 인재를 어떻게 활용할 것인가에 대해 고민해야 한다.

조직을 양성하기 위해서는 끊임없이 교육 훈련 시스템에 대해 고민하고 통찰해야 한다. 리더는 조직의 성장 가능성과 잠재력을 파악하고 인재에 맞는 업무와 직급을 배정해야 기업도 성장할 수 있다. 기업에서 조직원은 어떤 혁신적인 제품보다 중요한 미래 핵심 성장 동력이 된다. 우수한 인재를 영입한다고 해서 경영자의 역할이 끝난 것이 아니다. 그들이 뛰어난 실력과 넘치는 열정을 가지고 있다고 하여 반드시 높은 생산성으로 이어지는 것은 아니기 때문이다. 지속적으로 조직을 교육 훈련해야 하는 이유는 기업의 힘은 조직의 힘에서 나오기 때문이다. 조직의 역량이 제품과 서비스의 품질에 반영이 되며 이러한 조직력은 고객의 만족도를 높여준다.

한편 경영자는 조직 교육의 목적과 목표를 분명히 해야 한다. 확실한 목적과 목표 없이 진행되는 의무 교육은 의미가 없다. 경영자는 직원들에게 국가 의무 교육 이수만을 요구할 것이 아니라 현장의 과업 중심으로 자발적 참여를 유도할 수 있는 교육 콘텐츠를 제공해야 한다. 리더는 연수나 세미나를 통하여 조직의 전문성을 양성해야 한다. 조직을 어떻게 하면 그들에게 맞게 변화시킬 수 있는지에 대해 고민하여 조직원들에게 적합한 맞춤형 교육 관리 방식을 선택해야 한다. 부족한 역량을 보완하거나 강점 역량을 발휘할 수 있도록 지원해야 한다. 특히 신입 직원들에 대한 성장 교육 프로그램을 지원하고 다양한 조직원들의 의견을 수렴하면서 기업에 대한 신뢰를 제공해야 한다. 팀의 행동은 유기적으로 기업에 영향을 미친다. 조직원들이 교육 훈련 과정을 거쳐야만 성장의 기회를 잡을 수 있고 그 성장을 지속적으로 유지시킬 수 있다.

경영자는 조직원들로부터 마음을 얻어 효과적으로 업무의 성과를 창출해야 한다. 조직이 이루어야 할 공동의 목적과 구체적인 성과의 목표를 위해 업무를 보완하는 스킬을 높이고 업무에 대한 적극적인 참여 의식을 이끌어내고 공동의 책임과 이익을 나누어야 한다. 경영자가 조직의 능력을 올리고자 한다면 무엇보다 상호 신뢰가 바탕이 되어야 한다.

많은 기업이 미래 시장을 선점하기 위해 위기 경영, 미래 경영, 창조 경영 등에 대한 각자의 철학을 가지고 있지만 성공 기업이 된다는 것은 생각보다 쉬운 일이 아니다.

경영자가 인사에 대한 철학을 가지고 있어야 한다. 인재 양성은 경영이 잘 될 때도 하고 안 될 때도 해야 한다. 인재 양성을 통해 경영을 도모하는 것이 바로 인재 경영이다. 인재를 선발하거나 평가하고, 승진하거나 보상할 때, 육성하는 데에는 반드시 기준과 원칙을 가지고 있어야 한다. 사람들을 어떻게 처우하고, 조직을 어떻게 관리하며, 업무를 어떻게 조정하느냐에 따라서 조직의 생존 여부가 좌우된다.

인재 양성은 기업만의 몫은 아니다. 조직원도 스스로 자신의 조직을 학습할 수 있도록 해야 한다. 인재 양성은 기업 내의 모든 조직원이 참여해야 이루어질 수 있다.

기업은 경영자 혼자만의 노력으로 만들어지는 것이 아니다. 기업은 경영자와 직원이 함께 만들어 가는 조직이고 운명체다. 아무리 좋은 아이템을 가지고 있는 기업이라고 해도 그 업무를 담당하는 조직원을 성장시키지 못하면 그 기업은 쇠퇴한다. 기업 성과의 핵심은 조직원에게 달려 있다. 경영자는 인재 양성을 중요하게 여기고 조직을 성장시키며 역량을 충분히 발휘할 수 있도록 심혈을 기울여야 한다. 조직의 실력은 학력이 아니라 지속적인 교육 훈련을 통해 만들어진다. 지속적인 교육 훈련만이 우리 기업에 필요한 최고의 인재를 만들 수 있다.

– 6단계 –
운용 : 변화할 것과 지속할 것을 구분하라

우리는 물건을 구입해서 오랫동안 사용하지 않더라도 그 물건을 정리하기까지는 많은 시간이 소요된다. 어떤 경우는 버리지 못해 물건들을 잔뜩 쌓아 놓기도 한다. 만약 이런 상황이 우리 기업의 모습이라면 어떠할까? 경영자는 우리 기업에서 무엇을 변화시켜야 할 것인지, 무엇을 지속해야 할 것인지 끊임없이 고민해야 한다.

최근 한 지역의 자동차 부품 협력 업체에서 경영 위기를 겪으면서 조직원들의 희망 퇴직을 장려하였다. 그리고 의도적으로 월급과 퇴직금 지출을 줄이기 위해 월차 사용을 부추기며 조직원들을 쉬게 하여 비난의 대상이 되었다. 일반적으로 기업의 자금 흐름에 어려움을 겪게 되면 구조 조정으로 문제를 해결하려 한다. 기업에 필요한 인재 한 사람을 키우기 위해서는 오랜 시간이 걸린다. 그런데 기업은 위기를 극복하기 위해 인재들을 감축하는 것을 우선으로 삼는다. 흔히 리더가 범하는 실수 중 하나는 급한 마음에 일단 인원을 축소하고 보는 일이다. 그리고는 외부 인력의 영입으로 기업이 겪고 있는 어려운 문제들을 한 번에 해결할 수 있다고 생각한다. 영입된 외부 인력이 기업에 필요한 문제의 해결책을 가지고 있으면 다행이지만, 기대만큼 성과가 나오리라고 장담할 수는 없다. 외부 인력 영입이 기업에 이득이 되기보다는 손실이 되는 경우가 오히려 더 많기 때문이다. 기업에서 해결해야 할 문제는 단순히 한 사람의 영웅이 나타나 해결해 줄 수 있는 문제가 아니다. 인사를 자주 바꾸게 되면 조직의 문화와 지식과 정보의 연속성은 상실된다. 심지어 기업의 경영 시스템도 기업의 목적에 맞추어 제대로 운영되기 어렵다.

열악한 상황과 환경 속에서도 세계 시장에 우뚝 선 위대한 기업들의 경영 철학을 살펴보면 애플에 복귀한 스티브 잡스는 '무엇을 할 것인가보다 무엇을 하지 않을 것인지'에 대해 고민하고 결단하였다. 알리바바의 회장 마윈이 제안하는 경영 전략의 본질은 '무엇을 버릴 것인가'로부터 출발한다. 세계적인 전략가인 마이클 포터 역시 '무엇을 하지 않을 것인지 선택하는 일'이 중요하다고 강조하고 있다.

경영자는 기업의 생존과 성장을 위해 어떤 변화를 시도해야 할지 항상 고민해야 한다. 경영자의 모습은 조직의 거울과 같다. 그러므로 경영자는 먼저 솔선수범해야 한다. 조직원들과 허심탄회하게 대화를 나누며 다시 초심으로 돌아가 우리가 무엇을 버리지 못하고 집착하고 있는지 생각해야 한다.

그렇다면 경영자가 기업의 성장을 위해 무엇을 변화해야 할까?

첫째, 경영자는 과거의 성공 방식을 버려야 한다. 물론 고착화되어 있는 과거의 관행을 버리고 새로운 시도를 하려면 두려움이 따라온다. 그러나 경영자는 리더십을 가지고 이를 극복해야 한다. 세상은 더 복잡해지고 경쟁자는 더 증가하고 있다. 새로운 시도 없이는 변화나 더 가치 있는 성장도 기대할 수 없다.

둘째, 생산성을 저하시키고 반복적이며 경쟁력이 없는 활동을 버려야 한다. 새로운 시도를 통해 기업에 불필요한 것, 그리고 기업 발전에 도움이 되지 않는 일상의 업무들을 찾아 제거해야 한다. 기업 성장에 효과가 있으려면 오래된 낡은 틀을 버리고 새로운 기술, 지식, 제도를 개선하여 경영 전체의 생산성을 지속적으로 높여야 한다.

셋째, 경영자는 자만심을 버려야 한다. 리더는 성공 경험으로 자만해서는 안 된다. 자만심이 변질되면 새로운 시도를 하지 않는다. 현재의 풍요로움을 당연하게 생각하면 도전 의식이 사라진다. 경영자는 다양한 변화를 경험하며 중요한 의사 결정을 내리는 자리이다. 누구나 생각에는 한계가 있다. 그러나 자신이 잘못 생각할 수 있다는 판단을 하지 못한다. 성공을 경험한 리더일수록 더욱 그러하다. 자신의 성공 방식과 자만심을 내려놓아야 한다. 그렇지 않으면 잘못된 판단을 해도 바로 잡아줄 사람이 없다. 자만은 경영자들의 역할과 역량을 낭비하는 일이다.

채우고자 한다면 먼저 비워야 한다. 그래야 지켜야 할 새로운 변화들이 보인다. 경영자는 문제를 해결하기 위해 수시로 조직을 교체하는 것이 아니라 기업에 머물러 있는 기업의 오래된 습관부터 교체해야 한다. 경영자에게 진정으로 필요한 것은 무엇을 더 채워야 할지보다 어떻게 더 비워야 할지를 아는 것이다. 경영자는 조직과 기업의 성장을 위해 선택과 집중을 해야 한다. 기업이 선택과 집중을 할 때 비로소 차별화된 고객 가치를 만들어낼 수 있다. 기업의 제일 목표는 지속 가능한 성장 상태를 유지하는 것이다. 기업의 불필요한 업무를 과감히 쳐내고 더욱 기본에 충실해야 한다.

이제 경영자가 기업의 성장을 위해 지속해야 할 것은 무엇일까?

첫째, 경영자는 기업의 사명, 즉 경영 철학을 지니고 있어야 한다. 기업의 존재 이유에 대한 조직원들의 공감은 환경 변화 속에서도 한결같이 유지되어야 한다. 경영 철학이 명확한 경영자들은 결코 작은 성공에 머물지 않고 끊임없이 미래를 향해 도전한다.

둘째, 고객과 조직을 중요하게 여기는 마음이다. 지금은 고객 만족을 넘어 고객 감동, 고객 흥분의 시대이다. 고객의 니즈와 습관, 언제 무엇을 필요로 하는지 관심을 가지고 철저히 분석하고 대응해야 한다. 고객의 의견, 댓글 등은 너무나 중요하다. 조직원들을 존중하고 그들의 가치를 더욱 높여주며 협력을 유발하는 것이 중요하다. 기업의 목적은 이익 극대화가 아니라 이해관계자의 성공을 돕고 그들과 함께 지속 성장하는 것이다. 고객들과 함께 가고 함께 생각하는 것이 기업의 지속 성장의 비결이다.

셋째, 경영자는 지속적 배움과 훈련의 길을 걸어가야 한다. 앞으로는 더욱 복잡한 비즈니스 환경이 열린다. 경영자가 먼저 솔선수범하며 새로운 것을 배우고 훈련해야 한다. 한 달에 한 권 이상의 책을 읽고 세미나, 워크숍 과정들을 찾아다니며 자기계발을 위한 시간을 확보해야 한다. 경영자도 조직도 끊임없이 공부하며 변화의 중심에 서야 한다. 경영자와 조직의 통찰력은 지식과 경험에서 나온다. 기업의 수준은 경영자와 조직의 수준을 절대 넘어설 수 없다.

기업의 궁극적인 존재 목적은 이윤 추구이다. 그러나 요즘 기업들은 이윤 창출 활동 이외에도 봉사 활동, 후원 사업 등 다양한 이벤트 홍보 활동을 한다. 분위기에 휩쓸려 이것도 저것도 좋다고 하면 이로 인해 위기는 더 가속된다. 몰락하는 기업들의 특징은 버리지 못하는 미련이 있고, 이것저것 다 가지려는 욕심이 있다. 그러나 기업의 생존은 선택이다. 기업은 무엇을 변화할 것인지, 그리고 지속할 것인지 심사숙고해야 한다.

많은 기업이 이렇게 행동하다가 더욱더 빠르게 위기를 맞고 사라져 갔다. 제일 중요한 것은 이익을 내지 못하는 곳이 있다면 과감히 없애야 한다는 점이다. 기업은 이익을 중심에 놓고 전략을 구상해야 한다. 경쟁 시대에 살아남기 위해서는 변화할 것과 지속해야 할 것을 반드시 구분해야 한다. 경영자는 기업의 낡은 규제와 제도를 바꾸고 혁신과 추진력을 갖춘 인재를 양성하며 생산성을 지속적으로 향상시켜야 한다.

경기 침체로 인해 시장이 축소될 수밖에 없고 또 이러한 상황에 적응해야 할 시기에 새로운 무언가를 시작하고 적용하기는 쉽지 않다. 특히 중소기업의 경우에는 기존의 것을 버리고 새롭게 추구하는 것의 결과물이 나올 때까지 버틸 여력이 없다. 하지만 이 위기의 시대에 먼저 우리 기업이 변화해야 할 것이 무엇이며 핵심적으로 유지하고 발전시킬 것이 무엇인지 반드시 점검의 시간이 필요하다.

대부분 어려울 때 돌파구를 찾기 위해서 경영자들은 무엇을 더 해야 하는가에 집중한다. 그러나 먼저는 어떤 것을 버려야 살아남을 수 있을지 고민해야 한다. 많은 기업이 버림으로써 조금 더 효과적으로 살아남을 수 있다. 사소한 문제가 큰 문제를 부른다. 경영자는 기업을 운영하면서 잔가지를 쳐낼 줄 알아야 한다. 그래야 큰 문제가 될 수 있는 것들을 사전에 예방 조치할 수 있다. 기업은 지속적인 성장을 하기 위해서 반드시 우리 기업이 변화할 것과 지속할 것을 구분해야 한다.

– 7단계 –
성과 평가와 개선 : 경영 보고는 연중행사가 아니다

전 세계적으로 대기업들은 지속 가능 경영 보고서를 통해 경영 성과를 공시하고 있다. 경영 보고서는 회사의 경영 원칙, 그리고 그에 따른 이행 성과를 공개함으로써 대외적 홍보 수단으로 활용되고 있다. 기업은 경영 보고서를 보다 구체적으로 운영하며 주주, 고객, 임직원, 원료 공급망, 환경 단체 등 이해관계자들에게 투명한 정보를 제공하기 위해 노력하고 있다.

매년 미국의 공인부정조사관협회^{ACFE}에서 발간하는 보고서에 따르면 기업에서 매년 부정 행위로 발생하는 손실이 총매출액의 5%라고 한다. 매출을 1%라도 올리기 위해 기업은 갖은 애를 쓰지만, 정작 매출의 5%를 지켜 줄 수 있는 내부 검토의 중요성은 간과되고 있다.

경영 보고란 경영의 목표를 달성하기 위해 회사 전체의 문제점을 객관적으로 분석·평가하여 결과를 최고 경영자에게 보고하는 과정이다.

경영 보고서는 기업의 이익 목표를 설정하고 각 조직의 업무 달성도를 확인할 수 있으며 기업 운영의 흐름을 명확하게 확인할 수 있다. 또한 고객과 임직원의 만족도, 주주 가치 극대화를 추구하고 있는지, 공정하고 투명한 기업 경영 활동이 이행되고 있는지를 확인할 수 있다. 하지만 경영 보고서가 기업의 모든 내용을 담는 것은 아니다. 기업마다 소통의 채널이 일방적일 수 있으며 사업 성과에 대해 자화자찬으로 고객 홍보물에 그칠 수도 있다. 이러한 경영 보고서는 누가 보아도 신뢰하기 어려울 수밖에 없다.

경영자는 경영 검토의 기준과 원칙을 가지고 있어야 한다. 경영 보고서는 내외부의 품질 평가를 위한 명확한 측정 지표를 가지고 있어야 한다. 경영의 계획 및 성과를 검토할 때 경영의 범위, 경영 검토 방법, 검토 절차, 검토 요건, 검토자 등 경영 검토의 기준들을 가지고 있어야 한다. 경영자는 경영 보고를 기업의 연중행사처럼 검토해서는 안 된다. 기업의 리스크 부담을 줄이고 기회를 확보하기 위해 분기별 또는 기업의 성격에 맞추어 정기적으로 진행할 것을 권장한다. 신규 사업자일 경우는 경영 보고 및 검토를 더 자주 실행해야 기업의 경영 시스템이 더 빨리 정착될 수 있다.

경영 검토의 시작은 내부 심사로부터 출발한다. 내부 심사란 조직의 목표 달성을 위한 업무의 효과성을 검토하고 조직의 위협적인 리스크 요인을 분석하고 개선하는 과정이다. 기업의 구조는 우리의 인체 시스템과 같다. 기업도 경영 실태를 파악하고 부족한 부분을 파악해 개선해 나가는 자가 진단, 즉 자율 점검을 정기적으로 해야 한다. 기업의 자가 진단은 내부 심사로부터 시작된다. 그러나 부서에 따라서는 몇 년에 한 번씩 내부 심사를 실행하고 있으며 그마저도 간단한 인터뷰를 통해 형식적인 심사로 그치고 있는 것이 현실이다. 내부 심사원들도 이 사실을 알고 있지만 인력 부족 때문에 어쩔 수 없는 상황이라고 말한다. 그러나 내부 심사자들은 단순히 업무 심사만 형식적으로 취하고 문서 보관만 한다면 큰 의미가 없다. 기업 내 심사 부서가 없거나 제대로 역할을 하지 못하는 경우 기업의 관행은 개선되지 않는다. 내부 심사는 조직이나 기업의 요구 사항 또는 ISO 9001^{품질경영시스템}의 요구 사항에 대한 적합성 여부를 확인하고 검증하는 과정이다. 즉 조직이 정한 업무 프로세스나 ISO 9001의 요구 사항대로 업무가 수행되었고 부적합한 것은 없는지를 점검할 수 있다. 내부 심사는 조직의 운영을 개선하기 위해 고안되어야 하며 독립적이며 객관적인 활동으로 운영되어야 한다.

기업마다 내부 심사의 기준은 다를 수 있다. 그러나 내부 심사의 결과는 반드시 경영 검토의 안건으로 상정되어야 한다. 내부 심사를 수행한 후 경영자는 경영 검토를 통하여 ISO 9001이 효과적으로 실행되고 유지되는지를 확인하며 기업의 지속적인 개선 방향을 살펴야 한다. 내부 심사는 단순히 적합과 부적합의 확인에 그치는 것이 아니라 부적합으로 판정된 사항은 반드시 시정되어 재발하지 않도록 조치하여야 한다. 시정 조치는 과도하게 지체하지 않고 빠른 시일 내에 이루어져야 한다. 내부 심사는 사전에 규정이나 절차를 수립하고 그에 규정된 계획과 주기에 따라 수행되어야 한다. 내부 심사를 계획할 때는 심사 방법, 심사팀의 구성과 책임, 대상 부서, 심사 기간 등이 포함되어야 한다. 또한 업무의 중요성, 조직에 영향을 미치는 변경 등을 고려하여야 한다. 그리고 반드시 이전의 내부 심사에서 발견된 부적합 사항의 조치 결과의 유효성과 효과성을 확인하여야 한다.

내부 심사는 계획된 주기로 진행하는 것이 좋으며 보통 연 1회 이루어지고 경영 검토 주기와 같게 운영한다. 신생 기업일수록 내부 심사와 경영 검토 회의를 연 2회 이상 하여 기업 경영 시스템의 개선점을 점검하는 것이 효율적이다. 내부 심사와 경영 검토는 각 조직이나 기업의 상황에 맞게 수행하는 것이 가장 좋다. 그리고 ISO 9001의 요구 사항이 적합하고 효과적으로 실행되었는지의 여부를 검증하기 위해 내부 심사는 반드시 적격성을 갖춘 내부 심사자에 의해 계획되어 객관적이며 공평하게 수행되어야 한다. 그리고 내부 심사 실행의 결과는 문서화된 정보로 보유하여야 한다. 경영자는 우리 기업의 심사를 내부 점검하기 이전에 외부 기관에 심사를 의뢰하는 경우가 있다. 그러나 먼저 '우리 기업은 우리 조직원들이 가장 잘 안다.'라는 생각을 가지고 있어야 한다.

많은 기업의 몰락은 기업 내 자가 진단, 즉 내부 심사의 부재로부터 출발한다. 경영자는 내부 심사 역할의 중요성에 대해 강조하며 내부 심사팀은 심사 활동의 품질 수준의 향상을 위해 노력해야 한다. 사내 규정, 협력 업체의 요구 사항, ISO 경영 시스템의 요구 사항 등의 필수 지침 형태로 내부 심사 품질을 위한 심사 기준을 가지고 있어야 한다. 기업마다 심사의 기준을 명확히 하지 않으면 내부 심사의 효과성을 충족하기가 어렵다. ISO에서 제안하는 국제 표준은 기업의 규모에 상관없이 어느 기업이나 품질 경영을 통하여 내부 심사를 진행할 수 있다. 특히 ISO 9001은 모든 산업 분야의 품질 경영의 고품격 기준으로 인식되기 때문에 전문성 있는 내부 심사의 기준이 될 수 있다. 내부 심사에 있어 가장 중요한 것은 심사 결과의 객관성이 보장되어야 한다는 것이다. 이를 위해 내부 심사자는 제삼자적 독립된 관점을 유지하고 가감 없는 투명한 보고를 원칙으로 삼고 있어야 한다. 대규모의 기업들도 소수의 심사 인력만으로 샘플링 심사를 수행하고 있어 효과적인 내부 심사를 기대하기가 어려울 수 있다. 이런 경우 기업이 업무를 진행하다가 전문성이 필요한 경우에는 외부 컨설팅을 받는다. 사람이 건강한 삶을 영위하기 위해서 병원에서 신체 건강 검진을 받는 것처럼 협력 업체 또는 인증원으로부터 2자, 3자 심사를 통해 기업을 객관적으로 진단하는 것도 매우 효율적인 방법이다. 3자 심사 기관으로 활동하는 글로벌 ITS 인증원에 언제든지 도움을 요청한다면 내부 심사의 기준과 ISO 9001의 효과적인 운영에 대해 안내를 해주겠다.

경영 보고는 우리 기업이 잘하고 있는 것만 보고서에 작성하는 것이 아니다. 경영 검토는 궁극적으로는 조직의 결과를 개선하도록 지원하는 것이다. 우리 기업이 부족한 것, 잘못하고 있는 것을 함께 작성하여 다음 연도 경영 보고에서는 이를 개선하고자 노력하는 모습을 보여야 한다. 내부 평가의 기준이 곧 기업의 수준을 말해준다. 경영 보고서는 눈에 보이지 않지만 경영 현장의 실체를 확인할 수 있는 자료가 된다. 자가 진단을 통해 끊임없이 개선의 의지를 보일 때 고객, 그리고 기업의 수많은 이해관계자들이 우리 기업을 더욱 신뢰하며 소비 촉진과 투자 증대로 이어져 더 오랫동안 지속 가능한 기업으로 성장할 수 있다.

SECRET
5

비즈니스의 성공과 실패는
유행보다 기본에 달려 있다

성공의 경영 코드를
잡아라

우리나라 전체 기업의 90% 이상은 중소기업이다. 이들 기업은 전체 고용의 80%를 차지하고 있다. 그러나 해마다 수천 개의 기업들이 성장 침체로 위기에 직면한다. 흔히 불황이나 소비 심리 하락 등 외부 환경 때문에 기업 경영이 어렵다고 한다. 그러나 이런 시기에도 불구하고 위기를 잘 극복하고 자신의 한계를 뛰어넘어 누구도 넘볼 수 없는 차이를 만들어내는 기업들은 반드시 존재한다.

경영의 현장에서는 항상 변화가 일어난다. 소비자의 기호, 경제 상황, 정치 체계와 사회 구조의 변화 등 아주 강력한 환경의 변화들이 찾아온다. 외부 환경은 끊임없이 변화하며 그 변화는 수많은 위기와 기회를 동반한다. 그러나 임원이나 고위 간부들은 자신이 책임을 지고 있는 기간 중의 단기적인 이익에만 집중하는 경우가 발생한다. 기업에 위기가 닥치면 이익을 내기 위해서 매출을 높이는 부분에 집중하게 된다. 경영자는 매출 목표를 최대로 설정하고 매출만을 정답으로 여기며 이를 향해 돌진한다. 그러나 기업의 매출이 높다고 이익이 반드시 따라오지는 않는다. 눈앞에 이익이 생기는 것에만 관심을 가질 뿐 미래를 준비하지 못해 도산을 맞이한다. 무조건 많은 매출을 올리다 보면 이익이 떨어지고 비용이 높아지는 악순환이 찾아올 수 있다. 높은 매출이 결코 기업의 성과와 비례하지는 않는다. 기업의 추락은 매출이 감소할 때가 아니라 이익이 줄었을 때 찾아온다.

또 다른 경영 전략은 기업 내부의 비용을 절감하여 수익을 늘리려고 하는 것이다. 사업 유형이 비용을 줄일 경우 수익이 발생하는 구조라면 그렇게 될 수 있다. 그러나 비용을 줄이면 오히려 수익이 줄어드는 구조가 발생할 수 있다.

대다수의 경영자는 미래를 준비하지 못하고 위기를 자초한다. 경영자는 통찰력을 가지고 변화를 분석하며 불확실한 미래를 준비하는 데 집중해야 한다. 당장의 업무에 함몰되다 보면 미래에 다가올 변화에 대응하지 못하게 된다. 리더에게는 현재보다 미래가 더 중요하다. 눈앞의 성과에만 매달리면 기업의 희망적인 미래는 기대할 수 없다. 변화를 주도하는 경영자가 수시로 변심하고 중도 포기한다면 조직들은 변화의 목표에 공감하기 어렵다. 기업의 혁신은 부분이 아닌 전체를 과감히 바꾸는 것으로부터 시작된다. 목표의 설정과 실행, 조직 관리 시스템, 기업 문화, 일하는 방법 및 인프라 구축 등의 분야에서 혁신에 가까운 개선을 해야 한다. 경영자는 기업의 성장과 생존을 위해 변화를 감지하고 선제적으로 대책을 만들어야 한다. 상황에 맞추어 변화하지 않으면 성장은 물론이고 생존조차 어렵다.

조직은 리더의 말보다 행동을 보며 따른다. 기업의 성장은 조직과의 유기적인 상호작용에 의해 이루어진다. 리더는 변화를 이끌기 위해서 일관성 있는 경영 원칙을 가지고 있어야 하며 솔선수범해야 한다. 경영자는 기업을 운영할 때 반드시 지켜야 할 경영 원칙을 잊어서는 안 된다. 우리는 그것을 품질 경영 원칙이라고 말한다.

　수많은 경영자가 품질 경영의 원칙에서 벗어나는 생각과 행동으로 기업에 찾아오는 리스크를 불덩이처럼 끌어안고 있다. ISO 9000에서 제안하고 있는 품질 경영 원칙의 구성 요소는 1. 고객 중시 2. 리더십 3. 조직의 적극적인 참여 4. 프로세스 접근법 5. 증거 기반 의사 결정 6. 개선 7. 관계 관리이다. 기업은 반드시 경영의 기본 원리인 품질 경영 원칙을 고려하여 지속 성장 가능한 기업으로 도약해야 한다.

　그렇다면 우리 기업은 제대로 품질 경영을 하고 있는지 점검해 보자.

　품질 경영 원칙의 첫 번째는 고객 중시이다. 기업은 고객이 없으면 생존할 수 없다. 현재 및 미래의 고객 욕구를 이해하고 고객 요구 사항을 충족시키며 고객이 기대를 넘어서도록 노력해야 한다. 기업의 생존과 성장은 고객에게 달려 있으므로 품질 경영을 통해 고객에게 신뢰감을 줄 수 있어야 한다.

　두 번째는 리더십이다. 리더는 경영의 목적, 방향 및 내부 환경의 일관성을 확립해야 한다. 리더의 궁극적인 역할은 조직과 고객을 포함한 모든 이해관계자를 행복하게 이끌어 가는 것이다. 리더는 조직이 나아갈 방향과 목표를 명확히 소통하고 각자의 위치에서 자발적으로 업무를 추진할 수 있도록 업무 환경을 조성해 주어야 한다. 그러기 위해서는 경영 철학을 가지고 조직을 바람직한 방향으로 이끌고 갈 수 있어야 한다. 사람들을 이끌기 위해서는 먼저 끌리는 사람이 되어야 한다. 지시와 명령으로 사람을 끌고 가는 것이 아니라 믿을 수 있는 사람, 즉 진심으로 신뢰하고 기꺼이 함께 따를 수 있는 사람이 되어야 한다.

세 번째는 조직의 적극적인 참여이다. 전 조직이 참여함으로써 그들 개개인의 능력이 조직의 최대 이익을 위해 발휘될 수 있다. 조직 내 모든 계층은 품질 경영을 이루는 출발점이 된다. 적극적인 조직의 참여를 이끌기 위해서 경영자가 조직과 공감대를 찾는 일이 중요하다. 가치관이 다르면 대화를 이어나가기 어렵다. 그러나 서로 간 다른 점을 이해하고 비슷한 점을 찾으려 애쓰다 보면 어느새 조직의 마음도 열리게 된다. 경영자는 조직원과 교류할 때 진실한 모습으로 대해줘야 조직원도 더 적극적으로 자신의 마음을 열 수 있다. 경영자가 먼저 마음을 열면 조직도 생각의 폭이 넓어진다.

네 번째는 프로세스 접근법이다. 주어진 목표에 대한 상호 연계된 프로세스를 파악하고 이해하며 관리해야 한다. 관련된 자원 및 활동이 하나의 프로세스로 관리될 때 원하는 결과를 보다 효율적으로 얻을 수 있다. 프로세스 접근 방법은 품질 경영을 이루는 모든 활동을 입력과 출력을 통해 목표로 하거나 기대하는 결과를 효과적으로 얻을 수 있다.

다섯 번째는 개선이다. 조직의 영원한 목표는 지속적 개선이다. 개선은 외부 심사 및 내부 심사, 그리고 경영 검토 등 개선을 위한 활동으로 볼 수 있다. 조직은 기업의 방향인 품질 방침과 달성해야 할 품질 목표를 가지고 있다. 기업은 목표 달성으로 이어지는 수많은 시행착오를 거쳐 중견 기업으로 성장한다. 그래서 기업은 PDCA 프로세스 접근법을 통하여 다양한 상황과 변수들을 고려하며 지속적으로 개선해 나가야 한다.

여섯 번째는 증거 기반 의사 결정을 해야 한다는 것이다. 경영자의 가장 큰 책임은 의사 결정의 최종 결정권자라는 것이다. 리더의 고정 관념은 사고를 한쪽으로 치우치게 한다. 경영자가 자신의 경험으로만 의사 결정을 하다가는 변화하는 시장 환경에 적응하기 어렵다. 경영자 는 과거의 틀에 박힌 생각을 과감하게 버리고 끊임없이 변화하는 환경 에 맞추어 자신의 전략을 바꾸어야 한다. 경영자는 의사 결정에 대한 심리적 압박과 스트레스에 적절히 대처하고 합리적인 프로세스를 통하 여 의사 결정을 해야 한다. 기업의 경영 관리 과정에서 의사 결정은 매 우 중요한 활동이다. 경영자는 자신의 직감과 경험에 의지하지 말고 측 정이 가능한 기준을 가지고 의사 결정을 내려야 한다.

일곱 번째는 관계 관리이다. 경영자와 이해관계자는 상호 이익이 되 는 관계를 형성해야 한다. 기업이 선택한 고객들과 좋은 관계를 맺고 그 관계를 유지해야 한다. 기업은 잠재 고객을 찾아내야 하며 가치 있 는 정보를 고객들에게 제공하고 고객들과 지속적인 관계를 유지해야 한다. 아무리 훌륭한 리더라고 해도 혼자서 해답을 찾아갈 수 없다. 리 더는 이해관계자, 고객, 그리고 조직원들과의 대화를 통하여 정보를 수집하고 아이디어를 구해야 한다. 그리고 자신에게 조언해줄 만한 여 러 사람을 만나 함께 교제의 시간을 가져야 한다. 리더는 자신의 능력 과 경험에만 의지하지 말고 다른 사람들의 능력과 지식도 활용할 줄 알아야 한다. 어떤 뛰어난 경영 전략도 경영자 혼자 만들어낼 수 없다.

경영자는 일방적인 사고에서 벗어나 ISO 9001^{품질경영시스템}을 통해 조 직이 상호 작용하는 전체 경영 구조를 이해함으로써 기업을 운영할 수 있어야 한다. 어느 특정한 경영 전략을 무조건 선호하고 추진할 것이 아니라 이 전략이 우리 기업 환경과 조직 특성에 적합한지를 먼저 검토해야 한다. 그래서 경영의 시스템을 이해하는 것이 중요하다. 현재 우리 기업의 경영 시스템 운영의 효과성과 개선 사항, 그리고 경영 전략들 사이의 연결 고리를 알아야 우리 조직에 맞는 최적의 경영 전략을 선택할 수 있다. 제아무리 획기적인 경영 전략일지라도 언제까지나 유효할 수는 없다. 성공 기업으로 도약하기 위해서는 품질 경영 원칙을 기반으로 우리 기업을 진단하고 부족한 영역을 개선해야 한다.

기업의 규모와 복잡성에 따라 선택하고 집중해야 할 경영의 전략은 다르다. 최적의 전략은 경험과 실행에서 단단해진다. 시대가 변해도 변하지 않는 경영의 코드를 잡아야 한다. 품질 경영의 7대 원칙은 기업의 성공 경영을 안내할 방향키가 된다. 새로운 전략이 아닌 단순하고 반복되는 성공 방식을 찾아야 한다. 품질 경영 원칙을 통해 환경과 시대의 변화에 대비하여 미리미리 준비해두는 것이 기업의 사활을 좌우하게 될 것이다.

기업 문화가 인재를 만들고
인재가 시스템을 만든다

"인자仁者는 자기가 일어서기를 원하면 남을 먼저 일으켜 세우고,

자기가 성공하고자 하면 먼저 남이 성공하도록 돕는다."

《논어》〈옹야〉편에 나오는 말이다. 진정한 성공이란 다른 사람의 성
장과 성공을 도와줄 때 더 값진 성공으로 돌아온다. 사람을 제대로 성
장시킬 줄 아는 경영자가 진정한 고수이다.

K 기업 품질 관리 부서 S 부장은 팀원인 H 대리 때문에 일을 못 하
겠다고 한다. 반면에 H 대리는 S 부장 때문에 출근하기 싫다고 한다.
조직 생활에서 가장 어렵고 힘든 일이라면 그것은 바로 사람의 마음을
움직이는 것이다. 조직원에게 회사란 매우 중요한 삶의 터전이다. 인생
의 절반 이상을 보내는 곳이다. 일터에서 삶의 에너지를 얻기도 하고
빼앗기기도 한다. 인생의 모든 희로애락을 맛볼 수 있는 곳이 바로 일
터이다. 누구나 사회생활을 하다 보면 일이 힘들어서 그만두고 싶을 때

보다 사람이 힘들어서 모든 것을 그만두고 싶을 때가 있다. 가족들보다도 더 많은 시간을 함께 보내다 보니 서로의 장점보다 단점이 더 눈에 띌 수밖에 없다. 경영자는 힘겨운 조직 생활에 대해 직원과 성격이 잘 안 맞거나 세대 차이가 나서 대화가 안 된다며 조직원들을 원망하기도 한다. 반대로 자신이 경영자로서 자격이 부족하다며 자책을 하기도 한다. 하지만 진정한 리더는 사람의 마음을 움직이는 사람이다.

사람을 어떻게 움직이는지에 따라 뒤따라온 결과는 달라질 수 있다. 경영자는 미련한 조직원을 인재로 만들 수도 있지만 오히려 탁월한 인재를 떠나보낼 수도 있다. 4차 산업혁명 시대에 스마트 팩토리의 도입과 인공지능(AI)의 등장으로 인해 함께 일할 조직원은 앞으로 점점 줄어들 것이다. 지금은 함께 마음 맞추어 일할 사람을 찾기가 어려운 시대이다. 그래서 기업의 구성원 한 사람 한 사람의 역할은 매우 중요하다. 이러한 시대에 경영자가 조직을 어떻게 이끄느냐에 따라 성공이 좌우된다.

경영자는 우리 기업에 새로운 인재가 영입되지 않아 좀처럼 기업이 성장하지 못한다고 말한다. 그러나 이보다 더 심각한 문제는 변화와 혁신을 거부하는 기존의 경력 조직원들이다. 이들은 노력도 하지 않으면서 자리를 잃을까 봐 방어적으로 행동한다. 후배를 양성해야 하는데 일을 제대로 가르쳐주지 않아 신입 조직원들이 떠나가기도 한다. 인재가 중요하다는 사실은 누구나 알고 있지만 그에 따라 조직을 변화시키는 일은 결코 쉽지 않다. 이런 조직 시스템에서 경영자는 또 우수한 인재를 찾아야 하는 악순환이 벌어진다. 특히 중소기업 사장들의 어려움 중 하나가 바로 조직 관리이다. 모든 조직원들은 각자의 능력과 기대치가 다르다. 그러다 보니 경영자는 인재 배치에 상당한 어려움이 있다. 하지만 조직원들의 역량을 최대한 끄집어 올리는 것은 결국 리더가 해야 할 일이다. 경영자는 인재를 적재적소에 배치하여 그들의 능력과 자질을 최대한 발휘할 수 있도록 도와야 한다. 업무의 만족도를 높이는 가장 효과적인 방법은 정서적 안정감이다. 조직의 정서적 안정감은 조직 성장의 근간이 되며 기업 성장의 원천이 된다.

소규모 기업일 때는 경영자가 모든 것을 관리할 수 있다. 그러나 기업이 성장하게 되면 경영자 혼자 전체를 관리하는 것은 어렵다. 경영자는 자신의 경영 철학을 이해하고 자신과 같이 경영을 책임져 줄 조직원들이 필요하다. 업무에 적응하지 못하는 조직원을 단순히 개인의 책임으로 돌리기보다는 최대한 조직원들의 입장에서 생각하며 무엇이 문제인지 원인을 파악하고 해결해 주어야 한다. 리더는 업무에 대한 불만을 갖고 적응하지 못하는 조직원들을 보호하고 책임질 의무를 가지고 있다. 경영자는 어떻게 조직을 움직이며 어떻게 능력을 키워줄까 끊임없이 고민해야 한다. 희망 업무가 무엇인지 물어보거나 근무 장소의 변화나 순환 근무 등으로 조직의 성장을 위해 리더가 관심과 노력을 기울여야 한다. 비록 효율성이 적다 하더라고 리더의 이런 노력은 행동만으로도 매우 의미가 있으며 조직원들이 이런 리더의 노력을 높이 평가하며 신뢰를 갖게 된다. 경영자는 훌륭한 인재 쇼핑만 하기보다 내부 조직원들의 숨어 있는 능력을 어떻게 끌어내는지가 더 중요하다.
어느 회사이든 처음부터 많은 인재를 가지고 출발하지 않는다. 기업을 성장시키고자 한다면 경영자는 조직을 육성해야 한다. 경영자는 조직원들을 각각 그 분야의 전문가로 양성해야 한다. 그런 후 전문성을 가진 조직원에게 다음의 기능을 익히게 하여 조금씩 업무 범위를 확장해 나가면서 전체 업무를 맡길 수 있게 된다.

많은 경영자가 차별화된 제품과 서비스로 충분히 고객을 확보할 수 있다고 생각한다. 그러나 제품이나 서비스만으로는 고객을 확보하기가 쉽지 않다. 다수의 조직이 이탈하고 신규 직원이 대폭 늘어나면 기업의 정체성이 약해지면서 기업 문화가 흔들릴 수 있다. 이 과정에서 핵심 인재가 이탈하면 기업은 위기에 봉착하게 된다. 그래서 기업은 인재를 발굴하고 성장시켜서 기업의 성장통을 극복하고 지속적인 혁신이 가능한 시스템을 구축해야 한다. 경영자는 조직원들의 장단점을 객관적으로 바라보고 그들의 장점을 격려해주어야 한다. 조직의 마음을 얻는 것만큼 소중한 일은 없다. 조직의 원활한 신진대사는 기업의 성장 원천이다.

경영자는 조직을 전문화할 인재를 육성해야 한다. 마케팅, 영업, 연구 개발, 인사 분야에서 전문 역량을 갖추어야 한다. 직원을 새롭게 채용할 때는 당장의 필요가 아니라 장기적 경영 계획에 따라 신중하게 고려해야 한다. 그리고 인력 관리와 운용 체계를 강화해야 한다. 기업의 규모와 특성에 맞게 직급과 직책의 체계를 갖추고, 조직 구성원들의 역할과 권한과 책임을 명확하게 규정해야 기업의 성장 속도에 맞춰 조직을 운영할 수 있다. 우수한 인재를 확보하는 전략보다 인재를 제대로 활용하는 전략이 필요하다.

사람들이 살아가는 방식을 문화라고 한다면 공동의 목표를 달성하기 위해 함께 일하는 방식을 기업 문화라고 할 수 있다. 경영자는 복잡하고 확실한 환경 속에서 조직원들이 지속적으로 새로운 도전을 하고 학습할 수 있는 기업 문화를 조성해야 한다. 인재를 채용하는 가장 좋은 기준은 우리 기업 문화를 잘 이해하는 사람을 선택하는 것이다. 중소기업에서는 대기업 출신 직원을 영입해서 어려움을 겪는 기업도 적지 않다. 아무리 뛰어난 역량을 갖춘 인재라도 기존 직원들과 융합하기 어렵다고 판단되면 채용을 신중히 고려해야 한다. 오히려 역량이 조금 부족해도 조직원들과 잘 호흡하면서 충실하게 일하는 사람들이 더 높이 평가된다.

성공적인 기업 문화는 개인의 역량보다 조직원들의 상호작용이 더욱 중요하다. 가장 똑똑한 인재들만 모인 팀보다 상호 존중과 신뢰도가 높은 조직의 성취도가 더 높기 때문이다. 환경이 점점 복잡해지고 글로벌화되면서 개인이 아닌 팀 단위의 업무 비중은 계속 늘어난다. 결국 서로 얼마나 빠르고 정확하게 업무를 수행하느냐가 기업의 운명을 좌우한다.

개인의 역량이 아닌 팀의 역량으로 경쟁하는 시대가 되었다. 기업은 조직과 함께 문제를 찾고 풀어가는 협력의 힘을 키워야 한다. 조직들 개개인이 가진 다양한 분야의 탤런트는 결국 기업들에게 큰 힘이 된다. 우리가 모든 것을 경험할 수 없기 때문에 다른 사람들과 융합하고 경험을 교류하며 간접 경험을 늘려주는 것이 큰 도움이 된다. 기업 문화가 인재를 만들고 그 인재가 기업의 시스템을 만든다. 따라서 기업 문화가 어떤지에 따라 그 기업의 분위기와 방향이 결정되는 것이다. 사업을 시작할 때부터 경영자가 없어도 잘 돌아가는 기업을 목표로 해야 한다. 좋은 기업 문화를 바탕으로 훌륭한 인재들이 알아서 기업을 성장시키고 발전시켜야 한다. 경영자가 장시간 자리를 비워도 아무런 타격이 없는 기업을 만들어야 한다.

기업의 운명을 좌우하는 것은 제품이 아니라 조직이다. 혼자 하는 업무에서 성과를 만드는 인재는 많다. 그러나 불가능한 일을 많은 사람과 협조해 끈기 있게 돌파하여 결국 가능한 일로 만들고 그 성과를 사람들과 나누는 인재는 드물다. 아무리 시스템이 좋다고는 하지만 조직이 한마음으로 움직이지 않으면 무용지물이다.

"혼자 가는 길은 빨리 갈 수 있지만 멀리 가려면 함께 가라."는 말이 있다. 경영자는 조직과 협력하며 공생해야 한다. 경영자는 조직원들을 비용으로 생각하기보다 동반자로 여겨야 한다. 조직 일이란 결코 혼자 완수할 수 없다. 시대 변화에 대응할 수 있는 우리 기업의 후계자를 양성해야 한다. 백만의 군대를 움직이는 것보다 한 명의 마음을 움직이는 것이 언제나 더 어렵다. 그러나 훨씬 가치 있는 일이다. 기업의 성장을 위해 인재 육성은 반드시 이루어져야 한다. 기업에서 조직원은 일을 위한 구성원이기도 하지만 고객으로서 기업을 평가하는 사람이기도 하다.

기업이 성공하려면 먼저 조직의 마음을 얻어야 한다. 우리 조직을 감동으로 이끌지 못한다면 고객에게 감동을 주는 제품과 서비스도 만들어 낼 수가 없다. 기업에서의 조직은 기업의 미래를 짊어지고 갈 인재며 기업의 성패를 가름하는 중요한 사람이다. 조직이 행복하지 않으면 기업도 행복하지 않다. 조직이 행복하지 않다는 것은 기업에 성과가 날 수 없다는 말과 같다. 기업은 최고의 인재보다 최적의 인재가 필요하다. 기업은 조직을 만들고 조직은 기업을 키운다.

관리자가 아닌
경영자가 되라

시장은 끊임없이 변화하고 있으며 고객의 소비 패턴도 하루가 다르게 변화하고 있다. 우리나라 속담에 "천석꾼은 천 가지 걱정, 만석꾼은 만 가지 걱정"이라는 말이 있다. 최고 경영자 역시 수많은 갈등 앞에 서 있고 매 순간이 긴장의 연속이다. 조직과 함께 새로운 아이디어를 탐구하고 서로 다른 관점들을 찾아내며 더 먼 곳까지 사고를 확장해야 한다. 지금은 시대에 발맞추어 정신력, 전문성, 추진력, 비전 공유 등 멀티플레이어로서 조직에 대한 관대함까지 갖춘 다양한 리더십을 요구한다. 그러나 가장 중요한 경영자의 본질은 바로 '영향력을 주는 리더'라는 사실이다. 리더는 조직원들의 성장을 기꺼이 돕고 그들을 진정으로 응원해야 한다. 리더는 각자의 역할을 제대로 수행함과 동시에 서로를 이해해야 한다.

실무 관리자나 기술자는 끊임없이 현상을 잘 유지하면서 일을 마쳐야 할 목표를 가지고 있다. 단순히 일을 원한다면 관리자로서 주어진 업무에 매진하면 된다. 그러나 경영자의 위치는 주어진 업무만 수행하는 자리가 아니다. 경영자는 그 이상의 목표가 있어야 한다. 경영자가 사업의 기술적인 부분에만 몰입하다 보면 결국 기업의 미래는 기대하기 어렵다. 경영자는 업무 관리뿐만 아니라 인사 관리 영역을 포함한 여러 가지 부분에서 조직을 이끌어 가야 할 방향에 대하여 끊임없이 생각하고 계획해야 한다. 경영자는 리더로서 기업의 성장을 꿈꾸고 미래를 위해 준비해야 한다. 리더는 나무가 아닌 숲을 보아야 한다. 경영자가 어떤 목표와 계획을 세우고 방향성을 결정하느냐에 따라서 기업의 규모가 달라진다.

그렇다면 관리자가 아닌 경영자가 갖추어야 할 덕목에 대해 점검해 보자. 경영자는 첫째, 경영 가치관이 있어야 한다. 기업의 사업 방향과 경영 목표는 조직을 이끌어가는 경영자에 의해 결정된다. 경영자의 생각과 행동에 따라 기업과 조직의 분위기도 달라진다. 최근 여러 뉴스를 통해서 알려진 것처럼 경영자의 잘못된 생각과 비도덕적인 행동으로 인해 언론의 집중적인 보도가 이어지면서 수많은 사람으로부터 비판을 받았다. 그 결과 고객들은 적극적으로 불매 운동을 펼치고 기업은 심각한 경영 위기에 빠지게 되었다. 경영자의 잘못된 행동으로 인해 한순간 기업 전체 이미지가 추락하게 되고 조직원들의 사기와 의욕 역시 떨어졌다. 경영자의 생각과 행동은 곧 기업의 거울이다. 그만큼 경영자의 태도와 역량은 매우 중요하다.

둘째, 경영자는 조직과 신뢰를 쌓아야 한다. 무엇보다 조직을 잘 이끌어가기 위해서는 조직과의 신뢰가 매우 중요하다. 경영자는 조직과의 불신이 생기지 않도록 노력해야 한다. 만약 기업의 조직 분위기에 불신이 생겼다면 왜 본인을 불신하는지 정확히 알아보고 신뢰의 회복 방안을 찾아야 한다. 우선 서로에게 기대하고 있는 것이 무엇인지 합의하여 결정하고 일관된 행동으로 약속을 이행하여 서로에게 유익이 되게 해야 한다. 편하게 대화할 수 있는 환경을 조성하고 정보를 공유하며 서로의 견해에 대해 솔직하게 피드백을 주고받으며 약점이나 실수도 인정하면서 대화의 비밀을 지켜야 한다. 경영자는 조직원이 위축되지 않고 자신들의 능력을 최대로 발휘할 기회를 주어야 한다. 리더는 직원들의 지식, 기술, 경험이나 판단을 존중하며 함께 참여하도록 하여 그들의 노력을 끌어내야 한다. 일방적으로 지시하고 명령하기보다 사람의 마음을 읽고 지지해 줄 때 조직도 자발적으로 리더를 따르게 된다. 리더는 자신을 투명하게 공개해야 한다. 리더가 실수하면 조직원들도 그것을 안다. 리더가 자신의 실수에 대해 고백할 때 조직은 리더에 대한 신뢰를 더 회복한다. 조직으로부터 신뢰를 얻는 것이 리더십의 출발이다. 신뢰는 진실한 태도를 가지고 조직원들을 배려하고 도울 때 발휘된다. 조직과 신뢰가 형성된 리더는 조직원들이 솔직하며 개방적으로 리더를 대할 수 있다.

셋째, 리더는 적응력이 좋아야 한다. 리더는 도달해야 할 목적지를 향해 달려가는 과정에서 다양한 시련에 직면할 수 있다. 그럴 때일수록 리더는 가장 먼저 그 문제를 직시하고 자신이 해야 할 역할을 결정하며 해결의 실마리를 찾아야 한다. 적응력 있는 리더들은 불확실성을 향해 나아가고 그것을 정면으로 맞설 수 있다. 경영자는 익숙함에 안주하지 말고 새로움을 창조해야 한다. 리더는 변화의 방향에 익숙해야 한다. 주변 세계가 고정불변의 것이 아님을 알기 때문이다. 리더로서 성공하기 위해서는 하고 싶지 않은 일도 해야만 한다. 그래야 새로운 시도를 통하여 기회를 발견할 수 있다.

넷째, 경영자는 조직과 함께 성장하고 능력을 개발해야 한다. 진정한 리더로 성장하기 위해서는 먼저 자신이 어떤 사람이고 어떤 신념을 가지고 있는지 파악해야 한다. 자신의 내면을 성찰하고 잘 다스릴 줄 알아야 다른 사람을 이끄는 리더 역할도 잘할 수 있기 때문이다. 리더는 리더십의 기초를 더 단단히 하기 위해 자신의 역량을 더욱더 강화해야 한다. 그러기 위해서는 항상 배움에 힘써야 하고 질문의 수준을 높이며 더 진실해지기 위해 노력해야 한다. 리더는 조직 구성원이 가진 잠재력을 극대화하기 위해 익숙한 길에서 벗어나 새로운 방법을 실험하거나 더 나은 성과를 거둘 수 있도록 협력에 힘써야 한다. 무엇보다 리더는 우선순위와 자원의 균형을 유지하면서 조직 전체가 성과를 낼 수 있도록 방향을 제대로 잡고 이끌어야 한다.

경영자는 조직의 서로 다른 의견에도 열린 태도를 지녀야 한다. 모든 사람이 발언할 수 있는 환경을 조성해 주어야 한다. 리더는 빠르게 변화하는 시대의 흐름에 맞춰 새롭게 발전하려는 노력을 끊임없이 기울여야 한다. 경영자는 조직원들에게 새로운 것들을 시도하고 기꺼이 실패의 위험을 감수하며 도전의 기회를 제공해야 한다. 리더는 단순히 결과만 바라는 것이 아니라 지속적인 과정의 힘을 중요하게 여겨야 한다. 리더십이란 자신뿐만 아니라 조직원들의 성장을 돕는 일이다. 조직원들은 자신의 인생에 가치를 높여줄 때 리더에게 신뢰감을 느낀다. 리더가 조직원들을 소중히 여기는 것을 느낄 때 그들도 자신의 가치를 알게 된다. 조직의 다양성을 인정하면서도 서로 소통하고 지식을 공유하는 조직 문화를 만들어야 한다. 그리고 리더는 조직에 긍정적이고 도전적인 의식을 심어주는 페이스메이커가 되어야 한다. 진정성 있는 리더가 말을 하면 조직은 잘 듣는다.

우리는 누구나 리더가 될 수 있으며 인식은 못 하지만 리더로 살아가고 있다. 회사에서뿐 아니라 공동체 또는 가정 안에서도 부모라는 이름으로 경영을 하고 있다고 볼 수 있다. 리더십의 역량이 조직 성장의 한계를 결정한다. 경영자는 리더의 그릇을 키워야 한다. 경영자는 비우고 또 비워야 더 많은 사람을 담을 수 있는 그릇이 된다. 리더는 높은 지위나 책임의 자리가 아니라 영향력을 주는 사람이다. 또한 조직원들보다 더 멀리 보고 더 많은 것을 미리 내다보아야 한다. 그러기 위해서는 새로운 지식을 얻기 위해 꾸준하게 학습해야 한다. 리더는 조직원에게 진정성 있는 모습으로 대해야 한다. 리더가 조직을 존중하면 조직은 리더를 존경하게 된다. 리더에게 어려움이 닥쳤을 때에도 변함없이 조직원들과 함께하고 보살필 때 충성심이 생긴다. 무능한 관리자로 머물지 말고 유능한 경영자가 되어야 한다.

비즈니스의 성공과 실패는
유행보다 기본에 달려 있다

"뭔가 획기적인 아이디어 없어?"

"어디 괜찮은 사람 없어?"

위기가 닥치면 경영자들은 대부분 창의적 생각이나 새로운 인재를 물색하며 해결을 하려고 한다. 또는 매출 증가를 위해 새로운 기술이나 사업 투자를 시도한다. 시시때때로 경영의 기준 없이 남들의 성공 사례를 벤치마킹하기도 한다. 하지만 사업의 본질을 인식하지 못하고 그저 누군가가 하는 방법을 따라 해서는 절대로 성공할 수 없다. 그렇다고 해서 무작정 새로운 것을 추구하는 것도 무리가 될 수 있다. 새로운 사업의 시도에는 많은 시간과 비용에 대한 투자를 각오해야 한다. 경영에 요행이란 없다.

기업의 실적이 악화하는 이유는 경기 불황만은 아니다. 그렇다고 조직의 의욕 부족도 아니다. 경영자는 기업 내부에 정체되거나 무너진 경영 구조를 점검해야 한다. 내부적으로 경영 구조를 점검해야 비로소 무너진 기초를 재정비할 수 있다. 기업 내 경영 시스템이 제대로 구축되어 있으면 아무리 인사 배치를 새롭게 하여도 업무의 연속성은 제대로 유지된다. 품질 경영을 실행하기 위해서는 먼저 기업의 품질 방침과 품질 목표를 정하고 이를 달성하기 위해 필요한 인적, 물적 자원을 확보하고 지원해야 한다. 부서별 업무의 구조와 프로세스를 정하여 문서화된 정보로 기록하며 그 실행 결과를 분석 검토하여 평가해야 한다. 경영자는 품질 목표 달성을 위한 피드백 활동을 하며 경영 시스템의 유지와 개선 활동이 지속적으로 이루어지도록 해야 한다. 경영 시스템이 제대로 정착되면 경영의 부진 원인을 쉽게 파악할 수 있으며 어떤 위기 상황에서도 무너지지 않는다.

미국 존슨앤드존슨사는 위기를 기회로 바꿔 1위로 도약한 대표적인 기업이다. 1982년 미국에서 누군가에 의해 청산가리가 주입된 타이레놀을 복용한 7명의 고객이 사망한 사건이 발생하였다. 존슨앤드존슨은 타이레놀 캡슐이 든 모든 병을 수거하고 고객에게 제품을 무료로 교환해주었다. 당시 리콜 사례는 이례적인 조치였다. 사건이 해결된 뒤 존슨앤드존슨 회장은 더 이상 캡슐 제품이 소비자들의 안전성을 보장하지 못한다고 판단하고 제품의 안전성을 높이기 위해 새로운 포장 개발에 주력하였다. 그 이후 존슨앤드존슨은 시장 점유율 1위 기업으로 새롭게 도약하였고 오늘날 윤리 경영의 모범 기업으로 인정받게 되었다. 경영자가 직접 나서 품질 경영을 선포하고 실행하면서 기업은 오히려 위기를 기회로 만들었다.

고객과의 의사소통은 고객의 요구와 기대를 파악하는 시작 단계부터 고객 불만을 포함한 피드백 단계까지 전 단계에 걸쳐서 이루어져야 하며 이를 통해 고객 만족을 달성할 수 있다. 이것이 바로 품질 경영이다.

경영 시스템을 정립하고 표준화하는 것이 경영의 기본이다. 성과를 달성하기 위해 개인의 역량에 의존하는 것보다 조직 누구나 제대로 운영할 수 있는 업무 절차를 만드는 것이 중요하다. 기업은 경영의 본질이 무너지지 않아야 성과를 낼 수 있다. 전 세계 시장이 경기 침체로 녹록지 않은 상황에서 기업은 경영의 기본 원칙에 더 충실해야 한다. 우리 기업이 생산하는 제품과 서비스의 품질이 곧 기업을 대표한다. 비즈니스를 견고하게 만들기 위해서는 품질 경영 원칙이 조직의 소중한 기업 문화로 정착되어야 한다.

우리가 원하는 것이 있을 때 시스템을 통하여 자연스럽게 그렇게 이루어질 수 있는 구조를 만들면 원하는 결과를 얻을 수 있다. 예를 들면 "나는 다이어트를 위해 매일 아침 5시에 기상하여 한 시간씩 러닝을 하겠다."라고 하는 것이다. 이처럼 우리가 원하는 결과를 얻기 위해서는 행동을 제어하는 규칙이 필요하다. 기업도 마찬가지이다. 경영자는 조직과 업무를 구조화하는 작업에 집중해야 한다. 기업에서는 조직의 행동을 제어하는 규칙으로 우리가 해야 할 행동과 하지 말아야 할 행동을 정하고 이에 따라 행동하도록 해야 한다. 이것을 업무 매뉴얼이라고 한다. 업무 매뉴얼은 원칙, 정책, 그리고 규율을 담고 있다. 업무 매뉴얼은 조직원들이 상사를 의식하지 않고 자연스럽게 원하는 행동을 하도록 유도하는 강력한 도구가 된다.

ISO 9001^{품질경영시스템}을 실천하기 위해 가장 먼저 진행해야 할 일은 업무 매뉴얼을 만드는 것이다. 업무 매뉴얼을 만들면 개인의 경험이나 지식에 의존하던 업무를 표준화하여 경영 노하우를 축적할 수 있다. 조직의 경험이 축적되고 불필요한 자원의 낭비를 줄이며 조직의 노력을 성과로 연결시켜야 한다. 업무 매뉴얼은 조직의 업무에 대한 인식과 실행력을 끌어내어 결국 기업의 성과를 이끌게 된다. 업무 매뉴얼은 '왜 일하는지, 어떻게 일하는지' 업무의 의미와 목적을 명시하며 이를 되짚어보며 점검할 수 있게 한다. 맹목적으로 업무 매뉴얼을 따르는 것이 아니라 매 순간 업무의 본질을 돌아볼 수 있는 지침이 되어야 한다.

기업을 방문하다 보면 많은 기업에서 리더가 업무 매뉴얼의 결정 사항을 만들고 현장에 전달하는 것이라고 생각한다. 또는 업무 매뉴얼을 복사하여 형식적으로 보관만 하는 경우가 있다. 경영 시스템을 이해하지 못하고 매뉴얼을 가지고 있으면 오히려 형식적으로 매이고 판에 박힌 업무가 될 수 있다. 또한 업무 매뉴얼이 제대로 활용되지 않고 오히려 업무가 늘어난다면 그것은 우리 기업에 필요한 매뉴얼이 아니다. 전 조직이 이해하고 활용될 수 있어야 훌륭한 매뉴얼이다. 특히 사업을 시작할 때는 경영자가 업무 매뉴얼을 주도적으로 만들어 봐야 한다. 그 이유는 경영자가 ISO 9001을 제대로 이해하고 운영할 수 있도록 자생력을 키우기 위해서이다. 경영자가 매뉴얼을 직접 만들어 보면 업무에 대한 애착도 생기며 사내 업무 시스템도 바로 세울 수 있다. 이 과정이 바로 최고 경영자 수업이다.

20년간 수많은 시행착오를 겪으며 제조업을 하셨던 경영자의 말이다. "내가 좀 더 빨리 ISO 9001을 알았더라면 좋았을 것을, 저는 그동안 거듭 실패를 통해 값비싼 수업료를 지불하며 경영 수업을 받았습니다. ISO 9001을 진즉에 알았더라면 저와 직원들은 에너지와 시간을 낭비하지 않았을 것입니다."라며 탄식하였다. 삶으로 배우는 것만큼 큰 자산은 없다. 그러나 지름길을 두고 먼 길을 돌아가기에는 우리 인생이 너무 짧다.

ISO 9001은 이미 전 세계 수많은 경영자가 시행착오를 통해 몸으로 터득해 온 경영의 구조이다. 특히 사업을 시작하는 신생 기업들에게 ISO 9001이 성장 동력이 된다는 사실을 잊지 마라. 품질 경영 시스템을 활용하면 기업이 원하는 일정한 수준의 제품과 서비스를 만들어 낼 수 있다.

기업의 규모가 커지고 조직들이 성장하면 이때는 조직이 업무 매뉴얼을 만들어야 한다. 그 이유는 현장의 문제점을 가장 잘 아는 사람이 바로 조직이기 때문이다. 현장 조직은 작업장의 먼지가 잘 쌓이는 곳이 어디인지, 작업 현장의 생산 효율성을 높일 수 있는 동선은 어떠한지, 반복적으로 문제가 발생하는 병목 구간은 어디인지 가장 잘 분석하고 있다. 한번 정한 업무 매뉴얼은 오랫동안 유지하는 것이 아니다. 현장에서 실무를 담당하는 조직원들의 의견을 반영하여 조직이 활용하기 편리하게 갱신되어야 한다. 기업의 실질적인 업무 실행은 조직이 한다.

업무 매뉴얼은 현장에서 자주 사용되므로 자유로운 분위기 속에서 서로의 의견을 말할 수 있어야 한다. 경영자는 현장에서 자유롭게 말할 수 있는 문화를 조성하고 그 의견을 토대로 경영 시스템을 유지 및 개선해야 한다. 조직원들이 주어진 업무에 적극적으로 참여할 수 있어야 기업의 경영 시스템이 함께 발전할 수 있다. 기업 내 경영 시스템이 확고하게 기업 문화로 만들어진다면 기업은 성장 속도가 붙고 업무의 결단력이 훨씬 빠르게 이루어지면서 내실이 단단한 기업으로 성장해 갈 수 있다.

경영자가 되길 원하는 사람들은 많다. 그러나 사업을 한다고 모두 성공하는 것은 아니다. 많은 신생 기업이 생겨나지만 사라지는 것 또한 한순간이다. 사업을 지속하려면 목표를 달성하는 성공 습관이 있어야 한다. 품질 경영이 우리 기업의 경영 원칙이 되어야 한다. 품질 경영 원칙으로 조직과 업무를 사내 표준화하는 작업에 모든 것을 집중해야 한다. 기본을 지킨다는 것은 단기적인 성과를 올리는 데 도움이 되지만 무엇보다 3년, 5년, 7년 후에 한 단계 발전하는 데 도움이 된다. 리더는 어떤 상황에도 변하지 않는 자신만의 경영 원칙이 있어야 한다. 경영자는 해야 할 일과 하지 말아야 할 일을 구분하는 기준을 가지고 있어야 한다. 품질 경영 원칙에서 어긋나는 행동은 비즈니스를 유지하기 어렵다. 기본에 충실한 기업은 어떤 상황에서도 결코 무너지지 않는다.

시스템은 멈추지 말고
흘러야 한다

누구나 경영에 대한 꿈을 꾸지만 실제로 누구나 제대로 할 수 없는 것이 경영이다. 2019년 한국보건사회연구원의 통계에 따르면 1인 자영업자 혹은 기업가의 주당 평균 근로 시간은 53시간이며 그중 15%는 68시간 이상 일을 한다. 평균 자영업자들은 일주일에 6일을 일한다고 볼 때 하루에 11시간 이상을 일하는 셈이다.

우리나라 자영업자, 그리고 중소기업 사장들만큼 열심히 일하는 사람들도 드물다. 그러나 열심히 일해도 성공이 손에 잡힐 듯하나 잡히지 않는다. 사업 운영이 잘되지 않으니 직원들을 정리해고한다. 사장 혼자 일하다 보니 몸과 마음이 더욱 힘들어진다. 비즈니스는 예측하기 어려운 다양한 변화들이 불쑥불쑥 찾아오고 기업을 성장시켰다고 해도 지속적으로 유지하기가 쉽지 않다.

우리는 끊임없이 변화하는 사업 환경 속에 살고 있다. 지금은 성장세를 잘 타고 있는 기업일지라도 앞날을 예측할 수 없다. 성공의 길을 달려가던 기업들도 어느새 정체기가 찾아와 어려움에 놓이게 된다. 경영이란 기업 현장에서 매일같이 일어나는 예기치 않은 다양한 상황에 끊임없이 대처하는 일이다. 지금은 경영자의 잘못된 의사 결정 하나가 오랫동안 유지하던 기업을 죽음으로 몰고 가는 시대다. 그렇다면 과연 어떻게 해야 경영의 위기에서 벗어날 수 있을까?

  악기 하나를 잘 다룬다고 해서 좋은 지휘자가 될 수 없는 것처럼 경영도 마찬가지이다. 경영은 복잡하게 연결된 기능들과 행위들이 창출하는 일련의 흐름 속에서 서로 유기적으로 연결되어 있다. 경영자는 ISO 9001^{품질경영시스템}을 통하여 비즈니스의 본질을 제대로 이해하고 실행할 수 있어야 한다. 많은 기업이 협력 업체의 요구로 인해 ISO 9001을 구축하고 있거나 ISO 경영 시스템 인증을 취득하고 있다. 기업은 ISO 인증을 받기 위해서는 상당 부분 노력을 하고 있으나 ISO 9001이 효과적으로 운영되지 않는 경우가 있다.
  일부 기업에서는 돈만 주면 ISO 인증을 얻는다는 생각을 한다. 그러다 보니 다른 회사의 문서화된 매뉴얼을 복사하고 다른 기업의 시스템을 모방하는 데 그치기도 한다. 다른 기업의 성공 노하우는 배울 수는 있으나 그 기업의 성공까지 복제할 수는 없다. 기업은 ISO 인증서를 받았다고 모든 시스템이 구축된 것이 아니다. 형식적인 인증서만 가지고 있지 말고 경영자의 경영 철학과 품질에 대한 남다른 의지를 품고 시스템을 구축하는 것이 중요하다.

  ISO 인증은 경영 시스템에 대한 표준을 제시한다. 경영자는 우리 기업만의 고유한 경영 시스템을 개발하며 지속적인 개선을 해야 가장 이상적인 기업으로 성장할 수 있다. 경영자는 경영의 목적과 목표를 수립하고 평가 시스템을 연결할 수 있어야 한다. 목적이 불명확하면 평가 기준과 품질 정보의 피드백 역시 이루어지지 않는다. 즉 업무 절차를 준수하고 목표 달성이 이루어지고 있는지 평가하기 위한 기준을 명확히 설정하고 평가해야 한다. 프로세스의 결과에 대한 증거 수집을 위해 기록의 종류와 집계 방법이 명확히 설정되고 데이터화되어야 한다.

이렇게 설정된 기록과 평가 기준을 비교하여 정보의 결과를 평가한다. 평가된 결과는 최대한 빠른 시간, 즉 실제로 관련 부서에 피드백이 되어야 한다. 그런 다음에 해당 부서는 그 정보를 근거로 시정 조치나 예방 조치를 실행하면서 품질의 향상과 조직의 발전을 수행하게 된다. 경영자는 업무의 실행 가능성과 경영 전략 측면에서 장기적 개선 계획을 수립하며 경영 시스템을 운영해야 한다.

기업 내 조직원들이 업무를 수행하기 위한 기본적인 규칙을 정하고 있는데, 이것을 사내 규정 또는 사내 표준이라고 한다. 표준이란 공통적이고 반복적인 사용을 목적으로 주어진 상황에서 최적 수준에 도달하고자 하는 활동과 그 결과에 대한 규칙과 지침, 또는 특성을 제공한다.

예를 들어 국가는 국민이 지켜야 할 국가 표준으로 헌법을 제공하고 있다. ISO^{국제표준화기구}는 경영 시스템의 국제 표준을 제안하고 있다. 특히 국제 표준은 공통된 표준으로 전 세계적으로 함께 지켜나가야 할 공통된 규칙을 의미한다. 제품 및 서비스의 국제 간 교류를 원활하게 하고 지식, 과학, 기술 및 경제 활동 분야의 협력 발전이라는 관점에서 표준 경영 시스템을 통하여 경제 활동의 증진을 돕고 있다. 경영 시스템의 표준은 각 전문 기술 위원회의 합의에 의해 정해지고 ISO에 의해 승인된다.

ISO에서 경영 시스템의 기본 구조를 표준화하려는 의도로 HLS^{High Level Structure}를 개발하였으며 이 경영의 기본 구조는 대기업만이 아닌 전 세계 중소기업들이 오랫동안 중시해왔던 경영의 원칙이다. 경영 시스템의 종류는 산업별로 다양한 규격을 제시하고 있다. 예를 들어 ISO 9001^{품질경영시스템}과 ISO 14001^{환경경영시스템}을 비롯하여 다양한 국제 표준들은 HLS를 따르고 있다. 국제 표준의 통일성으로 여러 가지 규격들을 효과적으로 병행 운영함으로써 통합 시스템에 따른 효과를 함께 기대할 수 있다. ISO는 HLS를 통해 경영 시스템의 7가지 경영의 기본 구조를 제공한다. ISO 9001에서 제시하는 경영 시스템의 기본 구조는 아래와 같이 구성된다.

1. 조직 상황(4조항)   2. 리더십(5조항)
3. 기획(6조항)   4. 지원(7조항)
5. 운용(8조항)   6. 성과 평가(9조항)
7. 개선(10조항)

ISO 9001의 기본 구조는 PDCA 사이클의 선순환 구조가 유지되어야 경영의 실패를 줄이고 비즈니스의 흐름을 매끄럽게 이어갈 수 있다. 비즈니스를 지속적으로 업그레이드하기 위해서는 경영의 본질로부터의 이탈하지 말아야 한다. 이미 알고 있는 경영의 기본 구조를 얼마나 꾸준하게 실천하고 있는지 돌아봐야 한다.

예를 들어 다음과 같이 ISO 9001^{품질경영시스템}의 기본 구조를 수립하고 점검해야 한다.

1) 조직 상황
- 조직 전체의 사기는 높은가?
- 우리 조직은 외부 환경의 변화에 적절하게 대응하고 있는가?

2) 리더십
- 기업에 경영 철학은 무엇이며 품질 경영 방침과 목표는 무엇인가?

3) 기획
- 동일한 사안에 대하여 반복적으로 실패하고 있는가?

4) 지원
- 교육 훈련을 통하여 인적 자원 또는 물적 자원을 관리하고 있는가?

5) 운용
- 업무 프로세스대로 일이 진행되며 측정 및 모니터링되고 있는가?
- 불필요한 경비는 철저하게 삭감하는가?

6) 성과 평가
- 내부 심사를 통하여 경영 방침과 목표대로 운영되고 있는가?
- 점검 항목을 규정한 후 주기적으로 모니터링되고 있는가?
- 기업 매출액의 침체, 급격한 하락 조짐은 없는가?

7) 개선
- 경영 시스템의 효과성을 파악하며 지속적인 개선이 이루어지고 있는가?

경영자는 경영의 숲을 바라보는 거시적인 안목으로 비즈니스에 경영 시스템을 적용해야 한다. 조직은 ISO 9001을 통해 각자 업무의 전문성을 높이며 업무 프로세스를 활용하여 기업의 리스크를 관리해야 한다. ISO 9001을 정착시키면 조직원들이 불필요한 업무에 시간과 에너지를 낭비하지 않으면서도 기업이 성장할 수 있다. 지속적인 경영의 성과를 창출하기 위해서는 시스템은 멈추지 말고 흘러야 한다. 경영자는 ISO 9001의 기본 구조를 수립하고 실행하며 개선을 세분화하여 정확성을 높이며 검증에 집중해야 한다. PDCA 사이클을 통해 계획과 실행을 점검하고 확인할 수 있다.

경영 시스템 운영에 있어 계획은 거창하게 세웠으나 실행이 되지 못하면 용두사미로 끝나게 된다. 실행이 어려운 이유는 목표가 명확하지 않거나 계획 자체가 구체적이지 않기 때문이다. 이를 발견하면 급히 해결안을 변경하거나 우선순위를 정하고 정량화해야 한다. 기업이 가장 소홀히 대하는 것이 바로 점검과 개선 과정이다. 이 과정을 제대로 수행하지 못하면 어제와 같은 오늘, 그리고 오늘과 같은 내일을 맞이할 수밖에 없다. 어떤 작업을 한 후 바로 결과를 확인하고 결과가 목표와 어떤 차이가 있는지 점검하고 개선하는 과정을 통해 원하는 결과를 얻을 수 있어야 한다. 경영의 핵심은 매일 점검하고 바로 개선하는 것이다. 아무리 좋은 경영 시스템이라도 멈추면 기업의 성장도 멈춘다.

일의 속도를 높여 생산성을 올리고 싶은 경영자라면 리더 혼자 눈코 뜰 새 없이 바쁘게 일하지 말고 경영 시스템을 만들어야 한다. 지금까지와는 다른 업무 방식을 원한다면 일이 되는 시스템을 만들고 그 시스템을 따라 일해야 한다. 우리는 날마다 문제를 해결하지만 언제나 새로운 문제는 끊임없이 생겨난다. 경영자는 PDCA 사이클을 통해 자신을 다듬어가며 문제 해결 능력을 키워가는 것이 무엇보다 중요하다. 경영의 치명적인 실수를 피하기 위해서는 성공의 방정식을 붙잡아야 한다. 경영 시스템은 멈추지 말고 지속적으로 흘러야 한다.

목표를 가지고
시스템을 습관화하라

리더가 아무도 해보지 않은 새로운 일을 추진하고자 할 때는 반드시 저항하는 세력들이 나타난다. 리더 또한 실패에 대한 두려움으로 오래된 성공 방식을 버리지 못한다. 그들은 과거의 성공 방식이 여전히 통할 것이라 믿기 때문에 변화보다는 현상 유지하는 것이 리스크를 최소화하는 것이라고 여긴다. 누구나 변화에 대한 막연한 불안감 때문에 전진하지 못한다. 그러나 리더는 달성하고자 하는 목표를 향해 앞으로 나아가야 한다. 리더의 역할은 구성원, 고객, 그리고 이해관계자들을 함께 이끌고 가는 것이다. 리더가 변화를 망설일수록 기업은 성장할 기회를 잃어버린다. 기업의 성장은 불확실성을 극복하는 리더만이 이루어 낼 수 있다.

경영자는 무슨 일이 있더라도 최종 결단을 내리는 자리이다. 그렇다면 결정을 내릴 때 올바르고 명확한 기준이 되는 좌표가 있어야 한다. 좌표란 경영자가 가진 가치 판단이라고 볼 수 있다. 가치 판단이라는 것은 그 사람의 경영 철학이 그대로 투영된다. 경영 철학이란 기업의 생명력과 같은 것이다. 리더는 기업의 생명력이 끊어지지 않게 계속 경영 철학을 불어 넣어야 하는 존재이다. 아무리 작은 규모의 기업이라고 해도 경영자는 직원들의 동기 부여를 끌어올려야 한다. 그러기 위해서는 우리 기업을 어떤 방향으로 이끌어 가고 싶은지 비전을 명확하게 제시해야 한다. 경영자는 비전과 목표를 명확하게 제시해야 하며 그 비전에는 조직을 소중히 여긴다는 의미가 포함되어 있어야 한다.

조직은 리더가 나서주길 원하고 리더는 조직원들이 나서주길 원하지만 변화는 모두 함께 이루어야 가능한 일이다. 경영자가 게으르거나 일하기 싫어하고 가능한 모든 일을 조직원에게 맡긴다면 조직원들은 리더에게 믿음을 주지 않는다. 반대로 경영자가 사내에서 뭐든지 혼자 다 해버린다면 인재는 육성되지 않는다. 가장 중요한 것은 경영자가 솔선수범해 조직을 지휘하는 것이다. 경영자는 경영의 관리 시스템을 만들어 리더의 능력이 부족하더라도 조직이 그 구조를 좇아 잘 돌아가는 체제를 구축해야 한다.

경영의 상황을 체크할 수 있는 시스템이 있다면 조직의 커다란 실수가 발생하는 것을 막을 수 있다. 경영자의 목표가 공허한 구호로 남는다면 변화의 새로운 행동들은 분위기를 어수선하게 만들고 예전 그 자리로 돌아가는 일이 반복된다. 기업의 성장은 리더 혼자 앞서 나간다고 이루어지는 것이 아니다. 조직이 함께 달성해야 할 공동의 목표를 가지고 있어야 한다. 조직은 업무에 대한 책임 의식이 필요하며 곧 내가 리더라는 의식으로 주도적으로 일해야 한다. 경영자는 개인의 능력과 개성을 존중하면서도 그들을 공통의 목표하에 하나로 묶어야 한다. 기업의 비전 선포식을 통해 기업의 목표를 공유하는 것도 좋은 방법이다. 그리고 혁신을 구체화하는 작업으로 들어가야 한다. 혼자 꾸는 꿈은 허상이 될 수 있으나 함께 꾸는 꿈은 현실이 된다. 경영자는 조직으로부터 존경받는 수준이 되어야 한다. 존경받을 때 조직원들이 리더의 말에 순응하게 된다.

스타벅스는 품질 경영을 실천하고 있는 기업이다. 해발 1,000m 이상에서 자라는 원두만 사용하며 30년 경력의 커피 전문가가 직접 산지를 다니면서 원두를 선별한다. 품종도 물론 좋아야 하지만 어느 정도 볶아야 최상의 맛과 향을 낼 수 있는지에 대한 노하우를 가지고 있다. 그리고 모든 커피 및 음료는 엄격하게 품질 관리를 한다. 매장에서 사용하는 원두는 5파운드 단위로 포장된 것을 사용하며 한 번 개봉하면 일주일 이내에 다 써야 하고 남는 것은 버린다. 원두는 분쇄한 후 24시간 이내에 사용하며 드립 커피 머신에서 뽑은 커피는 한 시간이 지나면 버린다.

이 원칙을 지키기 위해 원두 포장지에는 항상 개봉한 날짜를 기록하도록 하고 매장 내 드립 커피 머신에는 항상 타이머가 달려 있다. 또한 커피를 내리는 물의 품질 관리를 위해 전 세계 매장에서 똑같은 정수기를 사용하도록 하고 있다. 즉 미국 본사에서 보내온 표준 매뉴얼대로 제조된다. 매장에서 흘러나오는 음악, 그리고 매장 내 테이블과 의자, 심지어 벽면에 칠하는 도료 등도 미국 본사 인테리어팀에서 결정하여 들여온다. 스타벅스의 경영 철학은 품질 경영을 통하여 고객들에게 가치를 제공하며 그들이 자주 재방문할 수 있도록 만드는 것이다. 그래서 도심 속 바쁘게 근무하는 직장인들에게 여유 있는 휴식을 제공할 수 있는 공간을 만든다. 그리고 고객들이 마음 놓고 편히 쉴 수 있는 매장을 만들기 위해 직원들을 정규직으로 채용하고 훈련시킨다. 직원들의 안정적인 소속감은 고객들에게 보다 나은 고객 만족 서비스에 집중할 수 있게 한다. 그 결과 스타벅스는 고객들이 거의 매일 방문하는 도시 속 힐링 공간으로 자리 잡게 되었다.

스타벅스는 전 세계 어디를 가도 커피 맛과 분위기를 그대로 느낄 수 있다. 고객이 기대하는 그 커피 맛을 동일하게 가져갈 수 있는 표준 매뉴얼을 갖추고 있기 때문이다. 그래서 세계 시장 어디에서나 믿고 사먹을 수 있다. 스타벅스가 오랜 세월 사랑받는 기업으로 자리 잡은 이유는 바로 품질 경영을 통해 한결같이 최고의 제품과 서비스를 제공하기 때문이다.

경영자는 기업에 필요한 품질 방침과 품질 목표를 정하고 품질 경영에 관한 시스템을 구축해야 한다. 품질 관리를 담당하는 조직은 업무 프로세스를 실행하며 업무 프로세스 관리는 연속성이 있어야 한다. 경영자는 품질 목표 달성을 위한 지속적인 피드백 활동이 유기적으로 연계되어 유지와 개선 활동이 지속되도록 관리해야 한다. ISO 9001^{품질경영시스템}의 큰 물줄기가 끊어져서는 안 된다. 기업은 많은 노력과 비용을 들여 이러한 ISO 9001을 구축하고 운영하고 있다.

ISO 9001을 구축하고 운영하는 이유는 첫째, 고객이 원하는 수준의 제품과 서비스를 만들어 낼 수 있게 하는 강력한 도구가 되기 때문이다. 즉 기업은 조직이 생산하고 제공하는 제품이나 서비스의 품질에 대한 기대를 높일 수 있다. 둘째, 국제 시장의 요구에 맞춘 ISO 9001 구축 및 적합성을 평가할 수 있어 국가 간 수출·수입 시 품질에 대한 객관적 증명이 가능하며, 국제 상호 인정의 효력을 발휘할 수 있다. 셋째, 제품이나 서비스를 생산하고 제공하는 과정에서 전문화된 시스템 경영으로 리스크가 발생하지 않도록 품질 관리를 할 수 있다. 또한 기업은 품질 관리를 통한 품질과 안전 비용을 절감할 수 있다.

기업은 ISO 9001을 통하여 전 조직의 품질 관리와 성과의 지속적 개선을 할 수 있어 기업 성장의 강력한 시너지 효과를 창출할 수 있다. 또한 전 조직이 제품이나 서비스의 생산 과정 중 안전한 환경에서 일하고 있는지를 객관적으로 입증할 수 있다. 경영자는 기업의 공동 목표를 조직과 함께 공유해야 한다. 경영 시스템을 실행할 조직원들이 경영 방침을 이해하고 있는지의 여부는 매우 중요하다. 경영자는 조직이 경영 방침을 이해하고 실행도록 하기 위해서는 방침에 대해 교육을 하거나 액자나 포스터 등으로 시각화하여 전 조직이 이를 항상 보고 기억할 수 있도록 할 필요가 있다. 경영 방침의 핵심 내용을 기억하는 데 여러 가지 방법을 사용하여 방침에 대한 직원들의 이해를 높여야 한다. 조직에 일방적으로 전달하기보다는 교육 훈련과 소통이 더 중요하다.

완벽하게 일해야 리더가 되는 것은 아니다. 때로는 고통을 겪더라도 실수를 경험해 보는 과정에서 비로소 리더다운 모습을 갖추게 된다. 기업을 바람직한 방향으로 움직이기 위해서는 기업만의 확고한 시스템이 있어야 한다. 경영자는 계획을 세웠으면 곧바로 행동으로 옮겨야 한다. 경영자의 역할은 항상 점검하고 잘못된 것이 있으면 바로 개선하는 것이다. 시스템적 사고를 통하여 경영을 혁신해야 한다. 기업은 사람이 아닌 시스템으로 굴러간다.

살아남는 기업이
강한 기업이다

  인공지능(AI)과 로봇이 인간을 대체해가는 디지털 테크놀로지의 시대이다. 또한 코로나19 팬데믹과 같은 재난은 우리의 사고와 행동 방식을 빠르게 바꾸고 있다. 문제는 기업의 생애 주기가 짧아지고 있다는 것이다. 지금 이 순간에도 경영 부진의 늪에 빠져 허우적거리거나 근근이 버티다가 도산하는 회사들이 많이 있다. 매년 수천 개가 넘는 기업들이 도산하고 이보다 몇 배 많은 기업이 경영 부진에 허덕이고 있다.

  지속적인 성장은 모든 기업의 목표이다. 많은 기업은 이익을 창출하기 위해 성장 전략을 개발하고 고객 가치를 실현하기 위해 끊임없이 노력하고 있다. 그러나 경영자와 조직원들이 모든 노력을 기울이며 피땀 흘려 키워 놓은 기업도 끝내 자리를 지키지 못하고 사라진다. 그 궁극적인 원인은 무엇일까? 지속적인 성장이 어려운 가장 큰 원인은 바로 외부 환경 요인보다 내부 경영 시스템에 있다. 기업 성장은 내부적으로 조직 업무의 복잡성을 증가시키게 된다. 기업이 커지고 복잡성이 증가하면 성장을 지속하는 데 필요한 민첩성과 유연성도 상실하게 된다. 사업 규모가 확장되면 리더는 신경 써야 할 일이 더욱 많아진다. 그러다 보니 조직을 돌아볼 겨를이 없다. 조직원들의 참여 의식이나 기록 관리, 고객 중심의 사고는 점점 흐려진다. 그중 장기 근속자들은 오랜 시간 근무한 경험과 노하우에 비해 중요한 역할을 감당하지 못한다. 기업 내부의 관료주의와 업무에 대한 둔감성이 심해지고 경영자도 추진력을 잃어간다. 결국 성공적으로 사업의 규모를 확장시킨 기업들은 성장의 정체를 경험하면서 위기를 맞이하기도 한다.

수많은 경영자가 경영의 본질을 잊어버리고 바쁜 업무에 쫓겨서 하지 않아도 될 고생을 거듭하고 있다. 사업의 규모와 복잡성이 커지면 적절하게 대비하지 못한 채 기존의 프로세스와 시스템이 기업의 발목을 잡아 성장의 속도가 늦어진다. 기업의 생애 주기는 성숙해진 후 노화기를 맞이하게 된다. 성장에 과부하가 걸려 기업은 언제든지 쇠퇴할 수 있다. 기업의 매출을 10억에서 100억으로 키우려면 업무의 방식도 바뀌어야 한다. 기존의 시스템을 가지고 있으면서 더 큰 성장을 이루기는 어렵다. 많은 기업에서 명확하지 않은 경영 철학, 리더와 조직의 괴리감, 의사 결정의 지연, 고객 만족의 민감도 저하, 복잡한 업무 프로세스 등을 가지고 있다. 이러한 내부적인 성장 정체의 원인을 해결하지 않는다면 지속적인 성장을 기대할 수 없다.

회사의 규모가 커진다는 것은 기업의 모든 면에 혁신이 필요한 때가 왔다는 신호이다. 경영자는 시장의 규모에 맞게 조정하여 새로운 시스템을 구축해야 한다. 조직은 모든 업무에서 운영과 프로세스를 점검하고 개선 방향에 대해 검토해야 한다. 조직 내 발생하는 성과의 저하 원인을 분석하고 고객의 반응, 내부 자원의 문제점에 대해 파악하고 점검해 보아야 한다. 경영자는 내부를 정밀 진단하고, 성장의 위기를 예측하고 관리해야지만 지속적인 성장을 이룰 수 있다. 이럴 때일수록 의사소통, 고객 문제 해결 속도 등 업무의 복잡성을 간소화해야 하며 불필요하고 반복적인 업무에 에너지를 낭비하지 말고 각 부서 간의 협업을 해야 한다.

경영자는 기업 경영에 있어 민첩성과 속도가 필요하다. 조직 내부의 속도 변화가 외부의 속도 변화보다 느려지면 기업은 생존하기 어렵다. 갈수록 빠르게 변하는 세상에서 변화의 흐름과 모양에 대한 다양한 시각을 접해야 한다. 낡은 권력 대신 새로운 시스템을 구상해야 한다. 기업의 경영 목표를 명확히 하고 그동안 사용된 업무 프로세스와 시스템을 재정비해야 한다. 기업의 이미지가 아무리 좋고 매출이 아무리 많아도 이익이 나지 않으면 사업을 유지할 수 없다. 당장은 어떻게든 버틸 수 있을지 몰라도 지속적으로 살아남을 수 없다. 즉 이익은 곧 회사의 존속을 위한 필수 요소이며 기업이 추구해야 할 최우선 과제다. 이익은 곧 생존을 의미한다.

경영자는 내부적인 위기의 주요 현상들을 파악하고 검토하며 리스크를 예측할 수 있어야 한다. 아는 것이 중요한 것이 아니다. 지속적인 실행이 더 중요하다. 부서별 이기주의는 업무 실행의 방해 요소가 된다. 리더는 조직원들의 문제를 파악하고 그것을 해결해 주는 일에 적극적으로 나서야 하며 조직원들이 올바른 방향으로 가고 있는지를 살펴보고 격려해야 한다. 모든 조직원이 자기 역할을 제대로 해주어야 한다. 리더는 조직원들과 관계를 잘 맺어야 한다. 리더는 조직원들에게 지시하기보다는 교류하기 위해 노력해야 한다. 조직과의 관계가 두텁고 소통이 원활할수록 조직원들은 리더와 함께하고 싶어한다. 경영 시스템에 영원한 마침표는 없다.

리더가 변화의 속도에 지혜롭게 대처하지 않으면 오히려 당면한 위기 상황을 더 심각하게 만들 뿐이다. 경영자는 측정 가능한 경영의 목표를 세우고 성과를 내야 한다. 지속 가능한 경영 시스템을 통하여 일이 되게 하는 메커니즘을 만들어야 한다. 지금 같은 시대에 리더는 당장 닥친 문제를 처리하는 해결사가 아니다. 즉 '어떻게^{how} 이 일을 해결할까?'에 대해 고민하기보다 한발 앞서 조직의 변화를 주도하는 용기 있는 지휘자가 되어야 한다. 경영 시스템을 구축하고 일을 한다면 일의 출발점을 '왜^{why} 이 일을 하는가?'에 맞추어 이 목적을 달성하기 위해서는 무엇이 필요하고 어떻게 하면 달성할 수 있는지에 대해 생각해야 한다. 이것이 입력값이며 그래서 만들어낸 것이 바로 출력값이다. 그렇게 만들어진 출력값이 원래의 목적에 부합하는가를 따져 보는 것이 피드백이다. 경영은 이러한 과정을 통해 탁월한 성과를 낼 수 있는 선순환 방식으로 일하는 것이다.

사업의 규모와 범위가 바뀐다고 경영의 본질이 바뀌지 않는다. 영속하는 기업들의 경영 철학은 품질 경영을 준수하는 것으로부터 시작된다. 품질 경영이란 모든 일을 표준화하여 일에 대한 책임과 권한을 명확히 하고 충분한 역량을 갖춘 담당자가 표준에 맞게 업무를 하는지, 프로세스가 원하는 기준대로 운영되는지 모니터링하며 문제 발생 시 즉각 개선으로 이어지게 하는 것이다. 이런 과정은 문서화하여 관리되어야 하며 경영자는 책임을 가지고 경영 활동을 위한 프로세스를 만들고 유지 및 개선해야 한다. 경영자는 고객 만족과 품질 보증을 위한 프로세스를 표준화하고 조직원들이 표준을 준수하며 생산 효율을 높일 수 있도록 지도해야 한다.

이백의 시에서는 "10년 동안 칼 한 자루를 간다."라는 구절이 있다. 성공으로 가는 길에 반드시 거쳐야 할 마음가짐이다. 모든 일은 시작과 발전이라는 과정을 거쳐 성공에 이르게 된다. 이러한 성공 법칙을 무시하고 서둘러 사업을 완성하려고만 한다면 성공은 오히려 정반대의 길로 나아갈 수 있다. 리더의 인내심은 성공하기 위한 매우 중요한 요소이다. 성공의 여부는 그 사람의 능력에 따라 결정되기보다 얼마나 오랫동안 견딜 수 있느냐에 달려 있다. 우리의 인생은 길어지지만 반대로 기업의 수명은 짧아지고 있다. 생존하는 것이 의미 있는 일이다. 성장은 좀 느려도 괜찮다. 성공적인 경영에 필요한 것은 능력이 아니라 지속적인 성공 습관이다. 능력은 노력으로 대체할 수 있다. 그러나 어떤 상황에서도 극복하려는 의지가 있다면 어려운 상황은 문제가 되지 않는다.

경영은 첫술에 배부를 수 없다. 미래에 대한 꿈과 포부를 품고 기업의 성장을 위해 준비하고 도전하자. 마지막에 남아 있는 자가 승리자이다. 경영자는 자기만의 철학과 경영 시스템을 바탕으로 유연하게 위기를 돌파하고 시대에 필요한 가치와 의미를 발견해야 한다. 기업의 문제를 해결하고 성장을 촉진하는 경영 시스템을 만들어 보자. 굳건한 신념을 가지고 다른 사람의 생각에 흔들리지 말아라. 살아남는 것이 의미 있는 것이다. 살아남는 기업이 강한 기업이다.

경영 시스템을 읽는 자가
미래의 주인공이 된다

우리나라는 창업이 쉬운 나라다. 창업을 위해 정부에서도 적극적인 지원 정책을 펼치고 있다. 현재 대한민국 자영업자의 수는 무려 671만 명이며 네 명 중 한 명이 자영업자이다. 반면에 폐업도 잘하는 나라이다. 창업 후 5년 이상 사업을 유지하는 비율은 20%이며 창업자 다섯 명 중 한 명은 폐업을 선택하고 있다. 이들도 처음에는 비전이 있었고 열정과 용기로 도전하며 사업을 위해 헌신적으로 노력했다. 그러나 많은 사람이 사업에 꿈을 펼치다가 좌절감에 부딪친다. 인생에서 때로는 성공도 하고 실패도 할 수 있다. 그때마다 일희일비하지 않아야 한다. 인생 가운데 찾아오는 성공과 실패는 최종 결과가 아니라 과정이기 때문이다. 실패에 저항하기보다 수용할 때 실패는 성공의 밑거름이 된다.

우리의 인체 시스템은 유기적으로 연결되어 있다. 우리 인체의 질병은 어느 날 갑자기 찾아오지 않는다. 수많은 전조 증상이 찾아온다. 이러한 증후들을 면밀하게 살피고 질병을 고칠 수 있도록 지혜롭게 대처해야 한다. 평소에 질병에 걸리지 않게 식이요법, 운동, 스트레스 관리를 해야 한다. 기업도 마찬가지이다. 어려움이 닥쳤을 때 당황하거나 포기하기보다 문제 해결을 적극적으로 모색하며 위기를 돌파해야 한다. 리더가 위기를 극복하는 능력이 없으면 기업은 더 이상 성장하지 못한다. 그 이유는 경영자의 경영 철학이 명확하지 않으면 경영 시스템도 제대로 운영되지 못하기 때문이다.

경영자의 비전은 경영 철학과 핵심 가치로 나타난다. 경영자는 경영 철학과 핵심 가치를 가지고 있어야 한다. 경영 철학이란 목적지를 정하고 목적지를 향해 달려가는 것이다. 경영의 핵심 가치란 기업의 방향, 즉 어떤 기준으로 일할 것인지 방향을 가지고 조직과 함께 공유해야 한다. 리더는 경영 철학과 기업의 핵심 가치가 담긴 경영 시스템을 만들고 이를 기업 문화로 정착시켜야 한다. 이 부분이 실행되지 못하면 기업의 성장을 지속하기가 어렵다.

중소기업 경영자들은, 대기업은 업무 분장과 시스템이 잘 갖추어져 있어 중소기업과는 업무의 효율성이 다르다고 말한다. 그러나 대기업인 삼성, 엘지, 현대도 시작부터 대기업으로 출발한 것은 아니다. 경영자가 바라보는 사고와 가치관에 따라 기업의 가치도 달라진다. 경영자가 사업의 범위와 크기에 한계의 선을 긋는 순간 더 이상 성장하기 어려울 수밖에 없다. 경영자의 생각 크기만큼 사업의 크기도 결정된다. 자신을 둘러싼 영역을 벗어나 사업에 대한 시선을 확장하는 것만으로도 기업의 성장 가치는 달라진다. 경영자는 시야를 멀리 내다볼 줄 알아야 한다.

리더는 관리자가 아니다. 관리자는 업무의 세밀함도 바라봐야 하지만 비범한 리더가 되기 위해서는 조직이 보지 못하는 일을 바라봐야 한다. 지금은 사회·경제적으로 예측하기도 어려운 대변혁의 시대이다. 이럴 때 일수록 경영자는 깊은 통찰력과 지혜가 더 필요하다.

기업은 규모가 커질 때마다 성장통이 찾아온다. 기업이 커지면 리더의 역할도 달라져야 한다. 성공한 기업가가 되어 사업을 키워 나가는 데 필요한 다양한 역량들이 있지만 다른 그 어떤 역량보다 중요한 것은 바로 ISO 9001^{품질경영시스템}을 지속적으로 운영함으로 기업 성장을 가로막는 리스크를 관리하는 것이다. 기업이 어떤 위험에 처해도 헤쳐나가게 해주는 원천은 바로 ISO 9001이다.

시스템 경영은 예측 불가능한 시대를 돌파할 사고와 행동을 예측하고 대비할 수 있게 한다. 리더는 시스템 경영을 하면서 조직의 문제를 해결해주고 조직이 원하는 결과를 얻을 수 있도록 리더십을 발휘해야 한다. 시스템 경영을 통하여 기업의 문제점을 파악하고 업무의 구조를 악순환에서 선순환으로 바꾸어 주어야 한다. 시스템 경영을 통해 조직의 문제를 이해하고 해결하기 위한 행동을 결정해야 한다. 시스템 안에 갇혀 있는 것이 아니라 시스템 구조를 이해하고 개선함으로 원하는 것을 얻을 수 있어야 한다. 보이는 특정 사건에만 반응하며 일하는 것이 아니라 시스템을 통해 보이지 않는 구조를 발견하며 시스템을 재구성해야 한다.

리더는 경영의 원리를 이해해야 한다. 원리란 수많은 시행착오를 통해 검증된 원칙이다. 조직 상황, 리더십, 기획, 지원, 운용, 성과 평가 및 개선 등 경영에 관한 모든 노하우를 익히는 최고의 만남의 시간을 통해서 새로운 성장 동력을 갖추어야 한다. 직감만으로 큰 조직을 경영할 수는 없다. 경영자는 직감으로 경영하지 말고 시스템으로 경영해야 한다. 리더의 역할은 목표를 세운 후 성과를 달성하면서도 지속적으로 성장 가능한 기업을 만드는 것이다. 시장 개척과 관리는 체계적인 준비와 실행 과정, 그리고 피드백이 마련되어야 한다. 특히 창업을 시작할 때 이 경영의 원리를 자신의 것으로 진화시킨다면 내실이 튼튼한 기업으로 도약할 수 있다.

리더는 조직원들을 기업의 목표와 한 방향으로 정렬시키고 성과를 이루도록 해야 한다. 기업 안에 있는 오랫동안의 관행으로 유지되어 온 시스템을 바꾸는 일이 쉽지는 않지만 힘들다고 포기할 수는 없는 일이다. 모든 일의 성패는 시스템을 운영하는 조직에 달려 있다. 그래서 전 조직을 대상으로 교육하는 것은 매우 중요하다. 기업을 방문하다 보면 가장 취약한 부분이 바로 교육 훈련 방식이다. 교육 훈련을 통해 리더를 육성하여 조직원들의 생각과 태도를 바꾸는 일이 가장 급선무이다.

기업 혁신의 가장 중요한 영역은 무엇보다도 성장을 이끌고 갈 훌륭한 인재를 육성하는 일이다. 성공하는 기업의 공통적인 특징은 인재 육성에 초점을 맞추고 있으며 끊임없이 재교육을 통한 최적의 인재를 키워 나간다. 끊임없는 교육만이 조직원들의 능력을 향상시킬 수 있고 그 힘이 바로 기업 성장의 근간이 된다. 교육 훈련은 조직의 성과를 창출해 낼뿐만 아니라 개인의 성장과 발전을 위해서도 큰 자양분이 된다. 리더는 경우에 따라 조직을 육성하기 위해 기다릴 줄 알아야 한다.

기다림을 거부하면 조직은 성장하지 못한다. 리더가 부지런하면서도 똑똑하면 조직원들이 숨을 제대로 쉴 수 없다. 리더는 일을 맡기고 기다릴 줄 알아야 한다. 자신의 다음 역할에 대해 생각하며 조직의 성장을 도와야 한다.

성공했다고 자만하지 말아야 한다. 성공한 것은 주변에 훌륭한 조직과 시스템이 있었다는 말이다. 실패했다고 낙담하지 마라. 실패를 통해 자신이 실패한 이유를 제대로 느끼고 깨닫는다면 실패를 극복할 수 있으며 성공도 할 수 있다. 사업도 이와 마찬가지이다. 직접 몸으로 부딪쳐야 저항력도 생긴다. 몸살을 앓고 면역 시스템이 생기는 것과 같다.

당신도 충분히 할 수 있다. 당신의 생각 크기가 성공의 크기를 좌우한다. 어려워서 못하는 것이 아니다. 내가 안 하기 때문에 어려운 일이 된다. 누구나 사업을 할 수 있다. 성공한 사업가의 경험은 나의 사업을 키우고 성공의 기회를 만드는 데 큰 도움이 된다. 또한 경험에서 우러나온 조언은 자신감을 키우는 데 큰 도움을 줄 수 있다. 기업이 크고 작은 것과는 무관하다. 가장 기본적인 이 원칙을 제대로 이행하면 성공하지 못할 일은 없다. 개인 사업이든 회사 생활이든 나아가 삶에 있어서조차 품질 경영 원칙을 제대로 이행하면 성공할 수 있다.

미래 성공의 주인공이 되고 싶다면 경영 시스템부터 디자인하라. 당신은 이미 준비가 다 되어 있다. 꿈만 꾸며 행동하지 않으면 평생 꿈을 이룰 수 없다. 생각의 크기에 따라 성공이 결정된다. 당신의 성공 시대를 준비하라. 경영 시스템을 읽는 자가 성공의 기회를 얻을 수 있다.